高校体育教学方法与实践研究

孙 策 屈珊珊 张贻杭◎著

中国商务出版社
·北京·

图书在版编目（CIP）数据

高校体育教学方法与实践研究 / 孙策，屈珊珊，张贻杭著. -- 北京：中国商务出版社，2023.12
ISBN 978-7-5103-5070-2

Ⅰ. ①高… Ⅱ. ①孙… ②屈… ③张… Ⅲ. ①体育教学－教学研究－高等学校 Ⅳ. ①G807.4

中国国家版本馆CIP数据核字(2024)第023877号

高校体育教学方法与实践研究

GAOXIAO TIYU JIAOXUE FANGFA YU SHIJIAN YANJIU

孙策　屈珊珊　张贻杭　著

出版发行：	中国商务出版社有限公司
地　　址：	北京市东城区安定门外大街东后巷28号　邮编：100710
网　　址：	http://www.cctpress.com
联系电话：	010-64515150（发行部）　010-64212247（总编室）
	010-64283818（事业部）　010-64248236（印制部）
责任编辑：	刘姝辰
印　　刷：	北京四海锦诚印刷技术有限公司
开　　本：	787毫米×1092毫米　1/16
印　　张：	12.25　　　　　　　　字　数：253千字
版　　次：	2023年12月第1版　　　印　次：2023年12月第1次印刷
书　　号：	ISBN 978-7-5103-5070-2
定　　价：	60.00元

凡所购本版图书如有印装质量问题，请与本社印制部联系
版权所有　翻印必究（盗版侵权举报请与本社总编室联系）

前　言

大学生是未来祖国现代化建设的人才。健壮的体魄、良好的心理素质、高尚的道德情操，已成为 21 世纪对人才的基本要求。大学生正处于身体发育的旺盛阶段，因此树立健康第一的思想、培养良好的体育锻炼习惯、掌握科学的体育锻炼方法，对于提高大学生个人身体素质，进而提高全民族体质，具有特别重要的意义。高校体育教学是我国高校教育和体育教育的重要组成部分，在促进我国体育和教育事业发展、促进大学生健康全面发展方面发挥着重要作用。

随着我国社会经济的不断发展，越来越多的大学生开始热爱体育、关注体育，并热衷于参加体育运动。提高全民健康素养、身体素质，加大学校健康教育力度，已成为目前体育改革中的重点研究课题。大学生是社会的一个特殊群体，其健康状况对自身学习以及今后参加社会工作都会产生非常重要的影响，体育锻炼在促进他们全面发展方面有着不可低估的作用。保持健康的体魄也成为现代大学生追求的重要生活目标之一。在校大学生通过体育课培养与实施科学健身，不仅对于其提高体质具有重大而深远的意义，而且也是他们养成健康生活方式的重要途径。

高校体育教育受到越来越多的重视，为了提高其教学质量，首先，本书从体育教学的原则、目标、教学走向及发展等方面对高校体育教学进行了概述；其次，阐述了高校体育教学因素的多元审视；再次，向读者详细介绍了高校体育的教学理念，接着分析了高校体育的教学课程体系构建、高校体育教学模式的创新、高校学生体育教学方法的改革；最后，针对高校基础运动项目教学以及高校时尚休闲运动项目教学实践进行了分析和研究。本书内容充实、通俗易懂，既注重内容的科学性和前瞻性，同时又注重针对性和实用性。

在本书的策划和写作过程中参考和借鉴了众多前辈的研究经验，得到了有关领导、同事、朋友的帮助和支持，我们表示真诚的感谢！因时间较紧，作者水平有限，书中难免有不妥之处，敬请各位专家、同行和广大读者多加批评和指正，以便我们进行修订和完善。

目 录

第一章 高校体育教学概述 ... 1
第一节 体育教学的原则及目标 ... 1
第二节 体育教学的内容及环境 ... 10
第三节 高校体育教学的走向和发展 ... 22

第二章 高校体育教学元素的多维审视 ... 27
第一节 高校体育教学的多元化学科基础 ... 27
第二节 大学生身心发展特征与教学 ... 36
第三节 新时期高校体育专业学生的培养 ... 47

第三章 高校体育教学理念与创新 ... 55
第一节 "以人为本"教学理念 ... 55
第二节 "健康第一"教学理念 ... 61
第三节 "终身体育"教学理念 ... 67
第四节 坚持体育教学理念创新的注意事项 ... 71

第四章 高校课程体系的构建 ... 75
第一节 体育课程与课程改革 ... 75
第二节 高校体育课程目标分析与课程设置 ... 82
第三节 高校体育课程的学习与评价 ... 88

第五章 高校体育教育教学模式的创新 ... 98
第一节 高校体育教学模式概述 ... 98

第二节　常见的高校体育教学模式及应用 ·············· 105
　　第三节　高校体育教学模式的发展 ····················· 113
　　第四节　运动教育模式引入高校体育教育的探索 ······· 120

第六章　高校体育教学方法的改革 ························ 125
　　第一节　大学生体育教学方法改革的路径分析 ········· 125
　　第二节　多元教学法在高校体育教学中的应用 ········· 133

第七章　高校基础运动项目教学实践 ······················ 141
　　第一节　田径运动教学指导 ··························· 141
　　第二节　体操运动教学指导 ··························· 150
　　第三节　球类运动项目教学指导 ······················· 158

第八章　高校时尚休闲运动项目教学指导 ·················· 170
　　第一节　瑜伽运动与轮滑运动教学指导 ················ 170
　　第二节　台球运动与高尔夫球运动教学指导 ············ 179

参考文献 ·· 188

第一章 高校体育教学概述

第一节 体育教学的原则及目标

一、高校体育教学原则

体育教学原则是体育教学工作必须遵循的基本要求和指导原理,是长期体育教学经验的概括和总结,是体育教学过程客观规律的反映。体育教学的原则是体育教学过程中教师的教与学生的学这种活动开展的基本依据,对各项教学活动起着指导和制约作用。正确地理解和贯彻体育教学原则,对明确教学目的,选择与安排好教学内容,正确地选用教学方法、教学场地与器材以及教学组织形式,完成教学任务,提高教学效果具有重要意义。

(一) 重视提高运动技能原则

重视提高运动技能的原则是指在高校体育教学中要不断提高学生的运动技能,提高学生的运动成绩,实现有效的体育教学。在高校体育教学中贯彻重视提高运动技能原则的基本要求如下。

1. 正确认识提高运动技能在体育教学中的重要意义

掌握运动技能是体育学科"授业"的本质,是体育学科"解惑"的重要基础,还是学生锻炼身体、增强体能的途径,更是学生掌握体育锻炼方法、体验运动乐趣的前提。不断提高学生的运动技能是体育教学的基本要求,是判断体育教学是否有效和高质量的标准,也是评价体育教师教学能力的标准。因此,体育教师要充分认识到提高运动技能在体育教学中的重要意义,进而重视提高学生的运动技能。

2. 明确运动技能教学的目的,让学生有层次地掌握运动技能

学生掌握运动技能与提高技能水平的目的与职业学生不同,职业学生主要是为了竞技,而学生主要是为了健身和娱乐。因此,体育教学中运动技能的传授要以"健康第一"

和为学生终身体育服务作为指导思想，要围绕"较好地掌握 1~2 项常用的运动技能""基本掌握作为锻炼身体方法的运动技能""初步掌握多项可能参与的运动技能""体验一些运动项目"等不同运动技能提高的目标，分门别类和有层次地让学生掌握他们进行体育锻炼所需要的运动技能。

3. 合理编排体育教学内容

为了让学生有层次地掌握运动技能，就需要制订科学的教学计划。对于常见的、可行的、学生喜欢、教师能教、场地允许、与学校传统项目相结合的项目，如篮球、足球、排球、乒乓球、武术、健美操等，可作为精教类内容，每学年安排 1~2 项，每项安排 15~30 学时，学年共 30 学时；对于未来生活中学生可能遇到的、有必要具有一定基础的、教学条件允许的项目，如羽毛球、体育舞蹈、棒球、轮滑、短拍网球、太极拳等，可作为粗教类内容，每学年安排 2~3 项，每项安排 7~10 学时，学年共 20 学时；对于没有必要掌握，但有必要让学生知道或体验的运动文化或项目的有关知识，如高尔夫球、橄榄球、台球、保龄球等，可作为介绍类内容，每学年安排 3~4 项，每项安排 1~2 学时，学年共 5 学时；对于身体素质和身体基本活动能力的练习项目，如 100 米短跑、1 500 米长跑、铅球、立定跳远等，可作为锻炼类内容，每学年安排 3~4 项，每项安排 1~2 学时，学年共 5 学时，或每学时安排 10 分钟穿插于其他类型的项目中。

4. 教学方法上注意精讲多练

由于体育教学的特点，在体育教学过程中不能过多地使用讲授法，不能形成"满堂讲"的局面，要精讲多练。一是要求课堂上尽量多给学生运动技能的练习时间，减少不必要的、无效的讲授时间，教师的指导有时可在学生的练习过程中进行。二是要求教师要根据情况布置一些课外作业，让学生课外多花时间进行练习。而对于必须讲授的内容要精讲。精讲就是要求讲授要目的明确、层次清楚、重点突出、正确使用术语和口诀、讲授与动作示范相结合。

5. 创造提高运动技能的环境和条件

要让学生很好地掌握运动技能，还必须创造良好的学习环境与条件，它既包括提高教师自身的运动技能水平和教学技能水平，也包括构建民主和谐的体育课堂氛围，优化体育教学制度环境，还包括场地设施和器材的美化。

（二）注重体验运动乐趣原则

注重体验运动乐趣原则是指在高校体育教学中要让学生在进行身体锻炼和掌握运动技

能的同时，体验到运动的乐趣，以使学生喜爱运动并养成参加运动的习惯。为贯彻该原则，要求在高校体育教学中做到以下几点。

1. 要让每个学生都能够不断地获得成功的体验

体育是一项与学生身体条件紧密相关的文化活动，而由于学生的身高、体重、体能、运动技能水平受遗传因素的影响差异很大，因此有一部分学生在体育学习中往往很容易体验到"失败感""差等感"。这就要求教师必须通过教学内容的调整与加工，以及教学方法、教学场地与器材、教学组织形式的改变，让每个学生都有机会体验到成功。这是让学生体验运动乐趣的基本方面。

2. 选择趣味性强的体育教学内容

在体育教学内容中，既有一些趣味性很强或学生容易体验到乐趣的内容，也有一些趣味性不太强或学生不容易体验到乐趣的内容。教学意义也一样。因此，在体育教学中，应该把趣味性和教学意义都很强的内容作为重点。与此同时，对于教学意义很强但趣味性很差的那些必须要教的内容，要挖掘或附加上一些乐趣的因素，如通过简化、变形化、情节化、生活化、游戏化、竞赛化等手法，使教学富有兴趣。

3. 运用多种有利于学生体验乐趣的体育教学方法

在体育教学中，教师在重视传授教学方法的同时，也要善于采用领会教学法、游戏教学法、竞赛教学法、情景教学法、发现教学法、小群体教学法等多种教学方法来帮助学生体验运动的乐趣。

（三）合理安排运动负荷原则

合理安排运动负荷原则，是指在高校体育教学中既要安排一定的身体活动量，体现体育教学的本质特点——身体活动性，还要使学生身体所承受的运动负荷有效、合理，从而满足学生锻炼身体和掌握运动技能的需要。在高校体育教学中贯彻合理安排运动负荷原则有如下基本要求。

1. 运动负荷的安排要符合学生的身体发展特征

运动负荷的科学性既体现在对学生身体的发展性，也体现在对学生身体的无伤害性，而这些都取决于学生的身体发展状况。因此，教师要合理地安排运动负荷就必须了解学生身体发展的科学原理，了解学生身体发展各个阶段的特征，并且熟悉各个运动项目的特点等。

2. 运动负荷的安排要服从于体育教学目标

归根结底，合理安排运动负荷是为了实现一定的身体锻炼和技能掌握的教学目标。因此，教师既不能忽略运动负荷对实现体育教学目标的决定性作用，也不能忽略各特殊课型需要而一味追求一致的运动负荷，从而导致运动负荷过重。

3. 精心设计体育教学内容

体育运动项目及其中的身体练习多种多样，有的运动负荷大，有的运动负荷小，因此在设计教学内容时，要考虑到运动负荷的问题，要对教材进行必要的改造，将不同的运动项目和练习方式进行合理的搭配。

4. 逐步提高学生自我控制运动负荷的能力

体育教师在高校体育教学中要加强锻炼原理和运动负荷以及运动处方的有关知识，教会学生一些自我判断运动量和调整运动量的常识，以使他们在自主性的运动中能够把握好自身的运动量，并逐步学会锻炼的方法和运动的技能。

（四）因材施教原则

因材施教原则是指在体育教学中要贯彻"面向全体学生"的教育理念，根据每一个学生的具体情况，实施各不相同的、有针对性的教育，使每一个学生的身心健康和运动技能都能在各自的基础上得到充分的发展。对此，在高校体育教学中要做到以下几点。

1. 深入细致地了解和研究学生

了解学生的个体差异是贯彻因材施教原则的前提条件。体育教师可以通过课堂观察、问卷调查、与学生谈话、咨询辅导员等方法对学生进行细致的了解，弄清学生在身体条件、兴趣爱好和运动技能等方面存在的个体差异，并进行全面分析，然后设计个性化的教学策略。同时，对学生的个体差异，还要用发展的观点来对待，不能用静止的眼光看待学生，应定期对学生基本情况进行复查。

2. 设置类型多样的体育选修课程

设置大量的选修课程是体育教学进行因材施教的最佳途径。不同的学生，身体条件、兴趣爱好和运动技能有很大的差异，在充分征询学生意见的基础上设置选修课，就能满足学生的个体需求，促进学生个性发展。

3. 体育教学组织形式多样化

在体育教学中，"等质分组"是一种较好的因材施教的教学组织形式。体育教师可以按身高、体重、体能、运动技能水平等对学生进行分组，给身体条件和运动技能较差的学生开"小灶"，给予其特殊关怀与照顾；对身体条件和运动技能较好的学生提出更高的要求，并为他们的进一步发展创造条件，从而保证全体学生都能有所进步，使每个学生都能体验到学习和成功的乐趣。

（五）安全运动原则

安全运动原则是指在高校体育教学中要使学生安全地进行运动，它是体育教学活动能够进行的前提条件。在高校体育教学中贯彻安全运动原则有如下基本要求。

1. 必须设想所有可预测的危险因素

经过长期的体育教学实践总结，体育教学中的绝大多数危险因素是可以预测的。这些可预测的危险因素主要有：因学生的思想态度产生的危险因素，如鲁莽行事、擅自行事、准备活动不充分等；因学生身体和活动内容的差异产生的危险因素，如力量不及、动作难度太大、对该运动非常不熟悉、缺乏必要的保护与帮助等；因学生身体状况变化产生的危险因素，如学生在伤病期间勉强参加运动等；因场地条件变化产生的危险因素，如雨雪地面上的滑倒、塑胶地破损而绊倒等；因器械的损坏和不备产生的危险因素，如绳索折断、双杠折断、羽毛球拍头脱落飞出等；因特殊天气产生的危险因素，如酷暑时的长跑、苦寒中的体操、暴雨的淋浇等。对于这些可预测的危险因素，体育教师在课前必须逐一地进行思考和检查，以消除一切可以消除的潜在危险因素。

2. 要有保障运动安全的相关安全制度和安全设备

对于一些比较危险的教材要制定严格的安全制度，限制学生的潜在危险行为，如禁止携带钥匙打篮球、穿皮鞋踢足球等；对于一些比较容易发生危险的体育设施要安装必要的保护装置和必要的警示标志，如单杠下放置海绵垫、游泳池配置救生圈和救生衣、设置深水区警示牌等，有效地防止危险的发生。

3. 时刻对学生进行安全运动的教育

要在体育教学中贯彻安全运动原则，必须有学生的密切配合，体育教师要通过集中教育与分散教育相结合，时时刻刻对学生进行安全运动的教育。集中教育是指组织专门时间讲解保证安全的知识和要领，教会学生互相帮助和保护的技能。分散教育是指老师在每一堂课学生练习之前强调安全事项，让学生绷紧安全这根弦。

二、高校体育教学目标

学校体育学科中包含了以下几个不同层面的目标：学校体育目标、体育课程目标、体育教学目标、课外体育目标、学习领域目标、水平目标、学段教学目标、学年教学目标、学期教学目标、单元教学目标、体育课目标等。这些目标既存在一定的差异性，也具有较强的关联性，但这些目标有的是同一个层面的，有的是不同层次的。体育教学目标可被理解为体育教学活动的"第一要素"，上接学校体育目标、体育课程目标，下承水平教学目标、单元教学目标、课堂教学目标等，构成一个较为连贯的目标体系，而在理论研究和教学实践中，由于这些目标之间的关系并不十分清晰，从而产生了一定的混淆，特别是在制定各层次的体育教学目标过程中，由于认知上的偏差，造成了体育教学目标的泛化和淡化现象。

体育教学是学校体育这一教育系统的主要组成部分，而教学目标则是教学的出发点和归宿。在当今学校体育改革的形势下，旧的教学目标已不再适应"健康第一"的指导思想的需要。因此，有必要对其进行讨论，并确定比较适合当今素质教育的体育教学目标。

（一）体育教学各个目标之间的关系

1. 运动知识与技能目标、体能发展目标是体育教学核心目标

首先，运动知识与技能目标包含了两个部分的内容：一是有关运动的理论知识和身体的知识（身体知）；二是运动技能。知识与技能之间的关系比较复杂，因为有关运动理论方面的知识是一种外部认知知识，是依赖于学生外部感官来认知的，如可以通过视觉感知教师身体运动影像，通过听觉感知教师讲解运动的原理与方法等，这种认知方式与其他学科具有共性，但是运动技术传习过程并不能仅停留于此，必须通过身体的实践操作将运动的理论知识内化为具有切身体验的身体知与可观测的运动技术，才能算得上掌握运动技能。因此，运动知识与技能目标的主体还是运动技能目标，运动理论知识与身体知则为运动技能目标服务，运动理论知识与身体知的获得也是通过运动技能教学过程得以实现的，不必专设室内的理论课进行教学。

其次，"体能"目标既是体育教学的特殊目标，也是核心目标。体育教学具有一定的独特性，主要的体现形式就是身体健康目标。由于身体健康或增强体质与体育活动没有直接的因果关系，因此，目前较为准确的说法是发展学生的体能，这也与新修订的体育课程标准是相一致的。而体能目标的实现可以分为两个路径。其一是通过运动技术教学的路径。身体练习与增强体质虽不是因果关系，但也具有指向性关系。其二是通过体育课中的"课课练"路径。当教材内容的运动负荷不足时，可安排五分钟左右的身体素质，以发展学生相应的身体素质或体能。

2. 运动技术具有"手段"与"目标"的双重性

体育教学中的运动技术主要承担"目标"角色，要正确理解运动技术既是"手段"又是"目标"这种看似矛盾的关系，我们应从不同的领域来分析：从体育教学这个微观视角分析，运动技术是"目的"，因为学生在教学过程中要从"不会"运动技术到"学会"运动技能，因此，"学会运动技能"就是体育教学的目标；而从学校体育的宏观视角分析，运动技能则是"手段"，因为学生在体育教学过程中已基本掌握运动技能，此时学生的主要目的就是经常运用运动技能，并养成习惯，从而实现锻炼身体、达成身心健康发展之目标。因此，此处所涉及的运动技能应作为体育教学中的"目标"功用。

3. 情感目标包含运动参与、心理健康与社会适应目标

从心理学理论分析，情感可拆分为两个具体的内容：心理与社会适应，而心理又可分为人的心理过程与个性心理特征。其中心理过程包含注意、记忆、意志、情绪、态度、兴趣等，这部分内容可与课程标准的"运动参与"相对应。而个性心理与社会适应可合为课程标准中的"心理健康与社会适应"目标。

4. 运动参与、心理健康与社会适应直指运动技能目标

由于运动技能目标是本位目标，其他几个目标就应围绕运动技能目标来展开：运动参与目标应结合体育课程的教材内容，充分体现其参与运动技能的态度与积极性；心理健康与社会适应也应根据运动项目的特性来体现心理与社会所发展的内容。以大家所熟知的排球为例，它是一项集体性的项目，对于促进学生合作互助的精神具有一定的作用，因此在表述运动参与、心理健康与社会适应和体能目标时，要结合排球的特性，不要造成目标与运动项目之间相互剥离的现象，这也正是目前学校体育基层教学中所存在的较大问题之一。

5. 体能、心理和社会适应目标协调统一

贯彻"身心和谐发展"的一元论教学理念，在体育教学过程中，学生通过运动技术的学习，达成掌握运动技能的目标，同时也有效促进了学生的身体健康，但仅仅达成传统观念中的促进学生身体健康发展是不够的，因为这是"身心分离"的二元论观点。体育教学必须在促进学生身体健康发展的同时，实施品德与品行的教育，实现学生身心和谐发展。这就是体育教学中的"身体与品行并重发展"的一元论教育观。

（二）制定学校体育教学目标的方法

由于体育教学目标的确立，首先要以体育的本质为基础，通过研究各个不同时代的历

史和社会条件,从中产生出学校体育的目标。对于体育的本质要考虑"在变化中有本质"的方法。把"进步主义"的教育思想与"本质主义"的教育思想相结合。即不偏于"本质主义",也就是说存在着一种由主体和环境的联系所建立的,具有永恒的绝对价值,也不偏于"进步主义"的主张:"要否定永久的绝对价值的可靠性,而从主体与环境的联系中去寻求教育本质的不断改造。"我们要站在"进步主义"的立场,在不断变化和改造中去寻求"本质主义"所讲的本质。以此作为理论基础,推导出学校体育教学目标的动态教育观。

这种动态的教育观,对生活趋势的适应,不可能是间歇性和临时性的,它必须是连续的,为了指导进步,学校体育应当不仅使自己适应于现有的价值观,而且也应该预见发展的方向和创造新的价值观。它作为教育的一个组成部分,基本上是个演进的过程,而且渐进地生长,既扎根过去又指向未来。在此过程的任何阶段,我们所能够提出的目标,不管它们是什么,都不能看成终极的结果,它对于教学过程的价值,在于它的挑战性。然而,在这个发展过程中,我们必须根据体育的本质来把握学校体育的教学目标。依据体育的内在规律性,突出强身健体的主要地位,从而使所确定的学校体育的教学目标,在辩证的过程中,尽量达到合规律性与合目的性的统一。

(三) 体育在教育中的位置及作用

随着素质教育改革的深化,对要"育成完善的人"这一终极目的越来越明确。在力量的国度里,人和人以力相遇,他们的活动受到限制。在安于职守的伦理的国度内,人和人以法律的威严相对峙,他们的意志受到束缚。在有文化教养的圈子里,在审美的国度中,人就只须以形象示人,只作为自由游戏的对象与人相处,通过自由去给予自由。教育的目的在于培养我们的感性力量和精神力量的整体尽可能地达到和谐。本着这一教育理念,培养学生在求真、立善、创美的过程中得到全面发展。那么,体育在"育成完善的人"中担当什么角色呢?

据人类和个体发展的历史逻辑,应将体育放在五育的第一个层次。教育在尚未有教育分化或要素分解的时候,其实,就是一个总的体育,它把各个方面的教育都笼统地包含在一起了。这是一个混沌的整体。智、德、美三育是从体育中分化出来的。它使人的最初综合发展得到分解,提高了人各个方面发展的效率,但也孕育了让人片面发展的萌芽。这算是对混沌体育的一次否定。而劳动技术教育则是否定之否定,它是培养人的创造性实践能力,让人在解决问题中综合运用和发挥其全部智慧和能力。人的身体作为一个多样化能力的统一整体发挥作用。

(四) 学校体育的教学目标

1. 掌握基本的运动技能与健康知识，并理解体育对健康的意义

体育的本质功能为强身健体，尤其是"真义体育"，特别强调体育的生物学意义。但作为教育的一个组成部分，在培养学生求真、立善、创美的过程中，与体育有关的就是维持和提高健康与体力，而学校体育培养学生体质的基本手段就是学习运动技能。运动技能的学习是重复锻炼的结果，学生在掌握运动技能的过程中，增强了体质，但身体运动不单是靠身体进行的，它是一种整个人的活动，是需要身心功能的综合参与的。因此，学校体育的教学目标不仅要培养生物学意义上的人，而且要培养生理、心理和社会意义的人。健康的体魄是体育区别于其他各育的根本价值，也是进行健康教育的一个重要的组成部分。

2. 促使运动技能生活化

在现在社会，无论是个人还是社会方面都迫切要求把娱乐体育提到日程上来。对体育活动的价值需求，突出的特点是，在健身的基础上，追求活动中的娱乐已成为越来越重要的价值趋向。"教育即生活"蕴含了终身教育的哲学。在体育教学的目标中，据"育成完善的人"这一理念，我们既要合情又要合理。运用科学而系统的方法，进行教学的同时，充分体现学生在教学过程中的主体性，考虑学生的个别差异，追求体育教学合规律性与合目的性的统一。让学生怀着轻松愉快的心情自愿参加各种体育活动，并把它作为一种有意义的活动形式，度过自己的闲暇时间，使个人从精神和身体上都得到休息、放松和享受。即使毕业后，由于形成了运动的习惯及对体育正确的价值观，运动的魅力对他们来说一定会有增无减。

3. 培养良好的社会行为和态度

之所以要涉及这一目标，是由于促使"育成完善的人"的很多机会是从进行身体活动的各种运动场上产生的。在体育教学中，教师和学生之间的相互关系及相互接触是以运动为媒介，并以此建立和睦的人际关系。比如，比赛这种身体活动，不仅能促进个体的身体发育、提高，必然也能构成社会的一角。通过担任不同的角色，体验责任的重要性和与人合作的乐趣。体育既是斗争又是游戏，在体育活动中，培养学生公正与互助的社会行为和态度。

从当前的需要出发，探讨了体育的地位，并据"育成完善的人"理念，归纳了三条学校体育的目标，在体育教学中，强身健体的同时，促使学生获得身心全面发展。但随着素质教育改革的深化，由于对"健康第一"的体育教学指导思想存在模糊性，即"健康"

仅为身体健康，还是包括生理、心理和社会的大健康观，存在异议，从而导致了体育教学目标各有侧重。这并不是坏现象，可让我们从不同角度来把握体育的本质。因而，建议从不同的层次和角度来探讨体育教学目标。使我们的体育教学，在强身健体的基础上，使学生的身心得到发展，尽量达到合规律性与合目的性的统一。

第二节　体育教学的内容及环境

一、体育教学内容

体育教学内容是体育教育的载体，它是根据体育课程的目标、体育教学的内在规律以及社会需要来确定的。体育教学内容体系的构建必须在这三个方面的基础上，充分考虑体育课程各个阶段的目标，学生的身心特点，教学内容的纵横联系，以及教学时数、教学条件等多方面的因素，使教学内容的知识和技能体系与促进学生主体社会化所需素质结构的形成结合起来。

（一）教学内容的概念

构成教学内容最重要的因素是学科与传授学生的知识内容，即教学内容是由该学科的知识素材构成的，从学科的知识素材中选择、整理并组织的，其目的在于实现一定教学目标的必要素材，就是教学内容。所以，知识素材的价值越高，它在整个教学内容结构中的地位便越重要。不是各门学科的一切知识素材都可作为教学内容。

体育教学的技能与知识素材庞大、复杂。因此，必须筛选那些适合体育教学目标的身体练习和理论知识作为体育教学内容。体育教师要深刻理解体育教学内容的内涵，不仅要掌握它们，而且要善于从教育学、体育学和教学论的角度去选择和整合它们，以便于发挥它们在教学过程中的生物学、社会学和教育学功能，即身体、心理与社会的三维健康观。因此，优秀的体育教师必须学会教学内容的选择与整合。

（二）体育教学内容

1. 体育教学内容的特殊性与松散性

体育教学内容不同于数学、物理和化学学科的教学内容，它不具备鲜明的顺序性、阶梯性和逻辑性。在课程内容上先学篮球还是先学足球？先学体操还是先学田径？它们之间有什么逻辑与主从关系？这正是体育教学内容整合安排和优化组合的难点所在，这就是体育学科与体育教学内容的特殊性与松散性所在。

对此，可概括为以下几点：①体育教学素材庞多复杂，素材间主从关系、逻辑关系不明朗，无论横向还是纵向（同类身体练习之间）联系都较松散。②体育学科的教学目标受社会、国家以及教育发展的影响呈现出多样性的特点。因此，教学内容在服务于教学目标时也具有多种指向性。③教学内容随着学生的生长发育、认知水平和性格爱好的变化相应有较大的变化。教材内容的排列不是呈直线递进式，而是呈复合螺旋式。

2. 体育教学内容的类别与划分

由于体育教学素材丰富多彩，比较松散，逻辑顺序不明显，所以体育教学内容类别呈多样性的状态。按照不同的分类标准，体育教学内容有不同的类别。①按学校体育的目标划分将体育教学内容分为运动参与、运动技能、身体健康、心理健康和社会适应五个方面的内容。②按课堂体育教学的目标划分可分为增进健康、发展体能；体育与健康基本知识；基本运动能力与运动技能；体育兴趣与个性心理品质培养等多方面教学内容。③按课堂体育教学教材类别划分可分为游戏、田径、球类、基本体操、健美操、武术与民族体育活动等多方面教学内容。④按体育学科能力划分可分为体育运动能力、体育锻炼能力、体育娱乐能力和体育观赏能力等方面教学内容。⑤按教学内容在教学大纲中的地位划分可分为重点性、一般性和介绍性三类教学内容。⑥按体育课的"授业"要求划分可分为体育运动的基本理论知识、基本运动技能和基本运动技术三类教学内容。⑦按年龄和学段划分可分为1~3年级与4~5年级教学内容、初中与高中教学内容和大学教学内容。⑧按教学任务划分可分为学习内容、复习内容、练习内容等。

在众多的体育教学内容中，核心是锻炼身体、发展体能与提高运动技能所需要的知识、方法和手段。其他内容，例如心理健康、意志品质培养、和谐的人际关系与团队合作精神等，都只有通过学习和实践与上述内容相关的身体练习才能发展和形成。

（三）体育教学内容选择的原则

体育教学的内容，应当根据体育教学目标、体育教学的基本规律和我国的国情来确定。这是我们在确定体育教学内容体系时首先要考虑的三个重要条件，也是基本的前提。体育教学内容非常丰富，真正作为教学内容的，仅仅是其中的一部分，因此，需要我们去认真遴选。在选择体育教学内容时，我们应该遵循以下几项原则。

1. 实践性与知识性相结合的原则

实践性和知识性相结合是由体育的本质属性所决定的。利用身体活动来达成教学目标是体育教学的一种最重要的形式。通过实践，要使身体的大肌肉群得到活动，各内脏器官系统得到锻炼，同时要体验到体育的乐趣、受到品格的培养和体育方法的训练，这些都是以体育教学内容作为媒介实现的。体育教学的一个重要目标之一是使学生掌握体育知识和发展体育能力，为终身体育奠定基础，这个目标的实现就依赖于实践性与知识性的结合。知识性主要体现在为什么做、怎么做和为什么要这样做上，这固然要通过基础理论内容进行讲授，但更多的是在实践中体验、理解，通过运用来加以强化。体育教学内容体系就是融合实践性与知识性的结合体。

2. 健身性与文化性相结合的原则

健身性是体育教学区别于其他教学的显著特点，体育教学内容体系要具有健身性是体育教学本质属性的反映。而文化是人类认识世界、改造世界和适应环境的产物，体育本身就是一种文化现象，体育教学内容的文化性就是体育教学内容要有利于提高学生对体育的认识，促进体育情结的培养，树立体育的价值观和体育理想，进行良好体育道德的熏陶。健身性与文化性相结合，就是体育教学内容体系既具有良好的健身价值，又具有丰富的体育文化内涵。

3. 民族性与开放性相结合的原则

体育的形式和内容总是与某些国家或地区的民族文化传统和民族习俗有关。当今许多风行于世界的体育项目都是发端于各个不同的民族和国家。体育教学内容的民族性就是要把具有我国民族特点的那些优秀项目吸收进来，既发挥它们的健身功能，又发挥它们的优秀传统教育效应。但体育教学内容仅强调民族性是不够的，任何民族，无论它是多么的优秀，在发展过程中，总会受到来自方方面面、形形色色因素的约束，总会具有一定的片面性。相对于大千世界来说，这种局限性就显得更为明显了。因此，体育教学内容必须体现出民族性与开放性的结合，即要在保留优秀的本民族体育内容的基础上，充分吸取世界各民族的优秀体育内容，将它们融合在一起，使之形成一个优势互补、功能齐全的体育教学内容体系。

4. 继承性与发展性相结合的原则

传承优秀的传统文化是教学的重要功能。体育教学内容的选择无疑是要吸收我国历史悠久的传统体育内容，使这些宝贵的文化遗产得以继承，这就是体育教学内容的继承性特点。

但时代在前进，任何事物总是要不断地发展才能适应时代的要求，否则就必将被历史所淘汰。文化的继承是有选择的、批判性的，对于传统体育内容，我们在有选择地继承基础上，要进一步丰富它的内涵，在保留它原有特点和精华的前提下剔除那些落后的不健康的东西，使它具有时代气息，符合现代社会发展的需要，这就是体育的发展性特点。我们对于武术的继承和发展，就是体育教学内容继承性与发展性相结合原则的典型范例。

5. 统一性与灵活性相结合的原则

体育教学内容体系要面向全体学生，它必须有基本的要求，有一个相对统一的标准，使体育教学有一个较为规范的目标，这就是体育教学内容体系的统一性。但它绝对不应该是完全整齐划一的。首先，我国地域辽阔，各方面的条件不一致，发展不平衡，教学的相关基础不是同一起点。其次，学生的身心发展水平有差异，体育基础、接受能力也不相同，即便是同一教学阶段的学生，都会表现出明显的不同特点，因此，教学内容必须留有一定的余地，具有灵活性，能根据教学条件和学生特点，灵活地加以选择，这就是体育教学内容体系的灵活性。只有兼顾统一性和灵活性，才能有效地使个体不同的所有学生的身心都能得到全面发展。

(四) 体育教学内容体系的结构特征

体育教学内容体系的结构是指体育教学中特定内容之间的功能组合。这个结构是学生掌握体育知识、技术技能、培养品格，并进行体育方法训练，实现体育教学目标的知识基础。它必须既能满足社会的需要，又能满足作为教学主体的学生的需要。其中，学生的需要是激发学生良好的学习动机，产生积极的学习行为的诱因。换句话说，就是学生对能满足自己需要的教学内容才能产生兴趣。另外，体育教学目标的达成是建立在相关教学内容共同作用，产生良好综合效应的基础之上的，因此教学内容的优化组合是体育教学内容体系构建的关键。而社会需要是社会对教育目标的要求，从这个角度来说，满足社会需要的过程就是一个促进学生逐步提高社会化的过程。社会需要和学生主体需要具有同一性，但它们在满足的层次上，时间顺序上是不一致的，我们必须把握体育教学内容结构的基本特征。

1. 体育教学内容结构具有主观目的性

体育教学内容体系的结构具有明显的主观目的性，当客观的需要和主观目的相一致时，建立的体育教学内容结构才是合理的。目的性具有两层含义。首先，在不同的学习阶段，学生对体育教学内容的需要是不一致的，体育教学的内容结构要与不同学习阶段的学生的需要相对应，体现出结构的层次性，因而需要人们在丰富的体育内容中认真遴选，合理组合，按照体育教学目标去确定体育教学内容结构。其次，体育教学内容结构要有利于学生形成合理的认识结构、技术技能结构、能力结构和体育方法结构。所以,体育教学内容结构就要能给学生在体育知识、技术、技能、体育方法和终身体育能力的形成方面提供一张理想的网络,这就是体育教学内容结构的目的性。例如,体育教学的目标主要是提高学生对体育的兴趣,发展他们的基本活动能力,培养自尊心和自信心,进行团队精神的熏陶,因而采用的主要内容是活动性游戏、简单的体操和小型球类活动等,让他们在学习过程中去感受体育的乐趣,在集体练习中培养协作精神,在完成练习中树立自信,在整个活动中使各种基本活动能力得到提高。进入中学以后,体育教学目标提高,侧重点有所改变,这时的教学内容结构就需要相应地进行调整。总而言之,不同的教学阶段有不同的教学目标,也就有不同的教学内容,教学内容不断调整的主观目的就是为更好地实现体育教学目标提供条件。

2. 体育教学内容结构具有联系性

体育知识和运动技能的种类是极其丰富的,任何体育教学内容结构都只能包含其中的一部分,而选取的这一部分内容,应具有广泛的联系性,通过这些内容的教学后,可以有效地扩充学生的知识范围,打下良好的体育运动技术、技能基础和建立良好的能力结构,为学生进一步的发展创造条件。

体育教学内容结构的联系性表现在两个方面,一方面是具有横向特点的广泛性。身心的发展要求是全方位的,既包括保健、营养、卫生、锻炼原理、竞赛规则等基本知识,又包括促进身体发展的各种运动技能和练习方法,相对广博的体育基本知识和多样化的运动技能是形成良好的体育态度和体育能力的重要条件。另一方面是具有纵向特点的复合性。体育教学内容要随着学习的进行逐步深化,这是教学的基本规律,就单一的教学内容来说,这就是它的纵向特点。但是体育教学目标是多元的,它的实现依赖于多种教学内容的综合效应,因此,它势必要求多种内容协同向纵深发展,这就是纵向发展的复合性。这种复合性和广泛性的结合,可以提高体育教学内容结构的全面性和协同性,教学内容的广博性和教学内容之间的联系性对于学生创造性的发展也是非常有利的。

3. 体育教学内容结构具有包容性

体育教学内容结构的包容性表现在体育教学内容结构内部相互渗透、彼此贯通。只有整个内容体系相互联系,形成一个完整的知识体系,才是科学的。作为一个知识结构,体育教学内容结构应该是纵向相连、横向相关的,这种结构内部互相关联的特性,必然要求不同的内容之间彼此包容。同时体育教学内容健身效果的共性和优势现象,使它们对于身心发展的效应表现出包容性。体育教学内容结构的包容性使教学内容的选择具有更大的灵活性，体育知识技能具有更大的综合性。

4. 体育教学内容结构具有动态性

体育教学内容结构要跟上体育科学的发展步伐，符合社会发展的需要，就必须具有动态性。随着人们对体育科学研究的不断深入，在对人体的认识、体育锻炼对人体的作用、运动行为对身心的影响等方面，都会产生新的知识，这些新的知识必然要及时在体育内容结构中反映出来。另外，随着社会的发展，社会对人才素质的要求是不断变化的，譬如，现代社会快节奏的、高竞争性的特点，对人才的竞争力、创造力和良好的心理素质有了更高的要求，这些要求当然地也就应该反映在以满足社会和学生需要为出发点的体育教学内容体系结构之中。所以体育内容体系结构总是处在一个动态的变化之中。

5. 体育教学内容结构具有实践性

体育教学内容以实践性为主，这是由体育的本质属性所决定的。体育的基本知识以对体育的正确理解和能指导体育实践为出发点，建立起围绕体育实践而编织的知识体系网络。而活动性内容则应以在实践过程中对身心健康水平的良性影响为依据。换句话说，就是要考虑它对体育教学达成目标的贡献，以及各个内容之间的优势互补，使之既能产生教学内容所具有的个别优势，又能形成多种内容结合而成的结构优势。这种优势现象的出现是以实践性为前提的。

（五）体育教学内容体系的设计与构建

在体育教学内容体系的整体设计与构建时，应依据新的体育与健康课程标准提出的五个领域（运动参与、运动技能、身体健康、心理健康和社会适应）、三个层次的目标体系要求（课程目标、领域目标、水平目标），按照学习阶段和教学要求，以健康和体能为主线，渗透体育知识、技能与社会人文教育，构建和设计教学内容体系。

在每个学段上依据学生的年龄特征和培养的主攻方向，在教学内容选择和安排上有所侧重。在每个年龄段上提出重点学习内容，通过多年的系统体育教学，即通过初小、高小、初中、高中及大学体育课实现学校体育和体育课的整体课程目标。在构建和设计体育教学内容体系时，应注意各阶段教学内容的衔接性和递进性。各阶段的教学内容既有其各自的特殊性与阶段性，但相互间又有较大的互补性和逻辑性，应严格避免传统教学内容体系中严重的重复和无序现象。

二、体育教学环境

体育教学环境是体育教学活动的基本因素之一，任何体育教学活动都是在一定的体育教学环境中进行的。体育教学环境不仅影响着体育教学过程的组织与安排，而且在某种程度上还决定了学生未来发展的方向。体育教学环境历来是我国体育教学中比较容易被忽视的一个问题，在喧嚣的马路上跑步，或在尘土飞扬的操场上踢球是我们经常可以看到的场景。这固然与学校的经济条件有关，但深层次上却反映了人们在观念上与"以人为本"教育理念的背离。今天，当我们站在新世纪的巨轮上全方位审视我国体育教学改革的时候，不得不把目光投向体育教学环境这片似乎被人遗忘的领域。

（一）体育教学环境的概念

要弄清楚体育教学环境的概念，首先必须明确学校教育环境、教学环境等几个相关的概念。从哲学的角度而言，人类的环境，包括了两个层次，即外部环境和内部环境，外部环境即自然界，内部环境则是我们人类自己创造的文化。我们可以把环境理解为人生活于其中，并能影响人的一切内、外条件的综合。

学校教育环境是一个特殊的环境，它是学校中各类人员进行以教与学为主的各种活动所依赖的物质条件和社会条件的总和。学校教育环境本质上是一种人工环境，或者叫人文的环境，因为学校教育环境的一切无不被赋予了一定的教育意义，体现了人们的教育观念和审美意识。学校教育环境又包含了许多层次和方面，而教学环境理所当然是学校教育环境的重要组成部分。

教学环境是按照发展人的身心这种需要而组织起来的育人环境，我们可以把它看成是学校的一切教学活动所必需的各种条件的综合。教学环境又有广义与狭义之分，广义上而言，影响教学的所有社会环境如社会制度、科学技术、家庭与社区条件等都属于教学环境；狭义上而言，教学环境主要指学校教学活动所需要的物质、制度和心理环境，如校园、校舍、各种教学设施、各种规章制度、校风、班风、课堂教学气氛及师生人际关系等。一般我们所说的教学环境主要是指狭义的教学环境。

体育教学环境是指开展体育教学活动所需要的所有条件的综合。很显然，体育教学环境是教学环境的组成部分，是一种相对微观的教学环境，故它不可能游离于教学环境之外而孤立地存在。

（二）体育教学环境的构成要素

1. 体育教学的物质环境

（1）体育教学的场所

包括体育馆和各种体育场地，如田径场、篮球场、排球场等，以及这些场地的周边环境，如阳光、空气、树木、草坪等。体育场、馆的布置与建设除要考虑学校整体的布局外，其位置、方向、采光、通风、颜色、声音、温度以及建筑材料等都必须要符合运动和学生身心的特点以及安全、卫生与审美的要求。如田径场跑道的方向一般要与子午线相一致；再如体育馆的墙面和体育场地的地面颜色一般采用比较温暖的颜色，诸如柔和的黄色、珊瑚色和桃红色等，因为暖色调可使人在视觉上和情感上的兴趣趋向外界，可提高中枢神经的兴奋性，因而也特别适合幼儿园和小学的体育场地。体育教学场所同时又是整个学校校园环境的重要组成部分，蕴藏着极为丰富的文化内涵，因此应该成为学校最亮丽的风景和最吸引学生的地方。

（2）体育教学设备

体育教学设备主要有两大类：一类是常规性设备，如课桌椅、实验仪器、图书资料、电化教学设备等；另一类是体育器材设备，如体操垫、单双杠、篮球、足球、排球、健身器材、标枪、铁饼、铅球等。这些设备是开展体育教学活动的必备条件，对完成体育教学的任务起着重要的作用。

2. 体育教学的心理环境

（1）学校体育传统与风气

学校体育传统与风气是指一个学校在体育方面养成并流行的带有普遍性、重复出现和相对稳定的一种集体行为风尚，它是校风的有机组成部分。良好的学校体育传统与风气对学生会产生潜移默化的影响，对形成学生正确的体育态度、兴趣、爱好，养成良好的体育锻炼习惯以及提高学生的体育文化素养等方面都有着非常重要的作用。

（2）体育课堂教学气氛

体育课堂教学气氛是指班集体在体育课堂教学过程中所形成的一种情绪、情感状态，它包括师生的心境、态度、情绪波动、师生间的相互关系等。积极的课堂教学气氛有利于体育教师和学生之间的信任和情感交流，最大限度地引发和调动学生学习的积极性和自觉性，并且有利于帮助学生树立克服困难的勇气和信心。

（3）体育教学中的人际关系

人际关系是指人们在社会交往中所形成的人与人之间的心理关系。体育教学中的人际关系主要包括两个方面，一是体育教师与学生之间的关系；二是学生与学生之间的关系。这些关系又构成了体育教学中的人际互动过程，直接影响着体育课堂教学的气氛、体育教学反馈以及学生的课堂参与度和积极性，进而影响体育教学的效果。

(三) 体育教学环境的特征

1. 体育教学环境的教育性

教育功能是体育的重要功能之一。在当今社会，这项功能已经获得人们的认知和重视，并通过体育的手段和方法进行各种教育活动（如健全性格、锻炼意志品质、心理辅导等）。体育教学环境是学生身心活动的环境，这个环境的内容、氛围、互动形式、设计理念、构成因素等都具有教育意义，这种教育性的体现是体育教学环境特有的。

2. 体育教学环境的群体性

教师和学生是体育教学的参与者（教师是主导者，学生是主体），这构成了体育教学的人文环境。来自不同地方、不同专业的参与者，在这个环境中通过体育教学活动进行交流（包括肢体、心理、思想的交流），由陌生到熟悉，并建立新的人际关系（同学关系、师生关系）；教学环境中的个体在体育活动中不断地与老师、同学进行交流，体现出个体与群体的教育性，并受群体的规范，群体中个体的数量在政策上也有限定。

3. 体育教学环境的可控性

体育教学环境虽然包括自然环境，但它本身不是自发形成的。它是根据教育教学目标和教学计划构思设计的，具有可控性。主导者以教育教学目标为指导，不断地通过各种方法手段控制整个教学环境的诸多因素，在实现教学目标的同时满足主体的需求。在这个教学环境中氛围、情绪、主体的活动都是可控的。

4. 体育教学环境的潜在性

由于体育教学环境是作为主体知觉的背景而存在的，刺激限度较弱，具有一定的暗示性，因而常常使学生在不知不觉中产生各种潜移默化的影响。体育教学环境对学生而言，犹如空气和水一样"润物细无声"，它无时无刻不在影响学生的学习活动：在同学们的欢声笑语中，在每一次成功的喜悦中，在每一次失败的反思中，没有任何强迫的接受。

5. 体育教学环境的和谐性

体育教学环境中的场所、设施要与学校其他建筑、设施协调一致，体育设施、场所与其他建筑设施在风格、布局、功能等方面要和谐，形成一个有机整体；体育教学场所、设施之间要协调一致，场地与场地之间、器械与器械之间的布局要有层次性，避免互相干扰，颜色搭配要符合学生的心理特征；体育教学的场所设施要与校园的自然环境协调一致，营造出自然和谐、景色宜人、奋发向上的体育教学环境。在这样的环境中教学，学生的各种潜能才能被充分挖掘出来，学生才能健康地发展，主体意识才能体现出来。

学校毕竟是社会的一个组成部分，体育教学环境随时都受到各种外界环境的影响，同时它又对外界社会产生着不可忽视的作用。从这个意义上说，体育教学环境是特殊的开放系统，它同样辐射着大众体育与竞技体育，并受其影响。

(四) 体育教学环境的功能

1. 陶冶功能

实践证明，优雅文明、美观和谐、活泼向上的体育教学环境，对陶冶学生的情操，净化学生的心灵，培养学生的审美情趣以及养成学生高尚的道德品质和行为习惯有着重要的意义。通过各种有形的、无形的或物质的、精神的体育教学环境因素的综合作用，能够在耳濡目染、潜移默化中熏陶、感化学生，从而产生一种春风化雨、润物无声的教育效果。体育教学环境的这种陶冶功能如果运用恰当，对实现体育教学的目标乃至学校体育的目标都具有重要意义。

2. 激励功能

良好的体育教学环境，一方面，可以有效地激励教师教学的工作热情和动机；另一方面，可以提高学生学习的积极性和自觉性，从而推动体育教学工作的顺利进行。体育教学可以为学生创造一幅诗一般的画面：翠绿的草坪、湛蓝的天空、清新的空气、整洁的场地、个性化的器材与充满活力的运动场面，在这里，人与自然、人与环境、人与运动已经浑然一体。置身于这样的环境中，去奔跑、去跳跃、去拼抢，对学生而言，是他们人生中最惬意的享受。在这里，学生热爱运动的自然本性展现得淋漓尽致，而体育意识则宛如春天的藤萝，在学生的心灵中一天天萌发、滋长。

3. 健康功能

体育教学环境是师生长期生活、学习、工作的环境，环境的优劣直接关系到教师和学生的身心健康。一个卫生条件良好，没有污染和噪声，教学设施充足、安全的体育教学环境，可以有效地促进师生特别是学生的身心健康发展。另外，体育教学中宽松和谐的课堂气氛和良好互助的人际关系，还对学生心理健康有积极的促进作用。

(五) 良好的体育教学环境的表现形式

1. 能够勇于突破传统授课模式

每个教师都会在自己从小学到体育院校毕业参加工作，以及多年的教学实践过程中，不自觉地形成一种自己固有的教学模式。这些固有模式虽然在一定限度上能使教学顺畅进行，但是却能束缚体育教师的思维方式，使自己陷入条条框框之中，严重制约着体育教学的改革和发展。要提高体育教学质量，实现教学目标，我们只有突破传统思维方式，勇于进行体育教学改革，改进组织形式和教学方法，以适应现代教育的发展需要，才能创造适合主体身心发展的教学环境。

2. 能够激发全体学生的兴趣和参与热情

体育教学改革的第一目标是"使体育教学面向全体学生"。教师要带着饱满而稳定的激情上课，用教态、内容、语言、媒体、灵活的方法手段等方式激发学生的兴趣，并使其积极参与到教学活动中，使学生身心放松，体验成功与失败，学会积极思考，提高分析问题和解决问题的能力；培养每个学生的参与意识，并把这种参与意识调动起来。鼓励学生积极参与到体育活动中，帮助学生确立不同阶段的学习目标，使学生能够通过自己的努力体验到成功的乐趣。

3. 能够充分发挥主体的自主性、创造性

（1）充分发挥主体的自主性

体育教学的突出特点是实践性强，如师生互动和反馈，以及学生对运动知识的掌握和技能的形成与提高，都是通过自身主动、自觉地活动才能完成的。在教学过程中教师应指导学生在如何学和练上下功夫，激发学生的兴趣、启迪学生的思维；开阔学生的视野、丰富学生的体育文化知识，使学生掌握获取知识的途径和方法，从而提高学生的参与意识。

（2）充分发挥学生的创造性

创造性是对原有认识、操作成果有所改进或突破、超越。体育课的教学内容丰富、手段多样，教师要突破传统的教学模式，充分发挥学生的创造性。例如，在体育舞蹈的教学中，学生不仅要会跳舞，还要学会创编舞蹈的原则，能够创编舞蹈。在教学中为学生提供器材，鼓励学生发挥想象，编排游戏，这样既充分发挥了学生的创造力，又培养了学生的自信心，增加了学生的学习兴趣。

4. 能够充分体现体育教学的全面性

体育教学不仅仅是提高身体素质，还要教会学生做人，培养良好的道德品质、健全性格，如在耐久跑中锻炼学生身体抗疲劳的能力，培养学生坚韧不拔的顽强精神；在游泳、滑冰、跳跃等项目教学中，培养学生不断克服胆怯心理，以勇敢、无畏的精神去战胜困难，越过障碍；在足球、篮球、排球等团队运动项目教学中，要增强学生的自身活力，培养与人合作的精神；在羽毛球、乒乓球、网球等教学中，培养学生冷静的头脑、敏捷的思维、准确的判断力、当机立断的性格。通过组织竞赛，培养学生逆境中的承受能力。在体育教学活动中，要在学生自我意识发展的基础上，培养他们的自我控制能力，逐步形成各种良好的心理品质。

（六）体育教学环境的调控

体育教学环境是由多种要素构成的整体系统，它与体育教学活动息息相关。体育教学环境的优劣直接影响着体育教学的进程，为了最大限度地发挥体育教学环境的正向功能，降低负向功能，实现体育教学环境的最优化，必须对体育教学环境进行调控。对体育教学环境的调控是多方面的，突出的要注意以下几点。

1. 重视体育教学环境的地域优势

一般说来，不同地区、不同学校在环境条件上是有差异的，任何学校在环境方面又都有自己的特点和优势，充分挖掘和利用自身已有的环境优势，最大限度地减少、避免和弥补已有环境的不足，就有可能推动体育教学环境的整体改观。每个学校只要充分挖掘，都可以发现自己环境条件的潜力和优势。

2. 重视体育教学环境的整体布局

构成体育教学环境的因素颇为复杂，既有物质的，又有心理的；既有有形的，又有无形的。只有当这些环境因素协调一致时，体育教学环境的积极作用才能得以发挥。因此，调控体育教学环境，首先要考虑整体的筹划布局，把体育场、馆的建筑，周边环境的绿化，场内场外的布置，图书资料的购置，各类器材的设置，良好人际关系的建立，积极向上班风学风的形成，作为一个整体来加以全面考虑和控制。注意体育教学环境的硬件建设和美化要符合学生身心发展的特点和教学基本规律，要遵循教育学、心理学、生理学、卫生学以及美学的基本原理，通过科学的调控，使体育教学环境真正成为塑造健康体魄、健全人格的统一体。

3. 重视体育教学环境中强势因素的作用

环境心理学研究表明，环境可以影响人的行为，环境的不同特性能对人产生不同的影响。将这一原理运用于体育教学环境的调控过程中，适当突出体育教学环境的某些特征，可以增强特殊场景下的环境影响力，使师生的行为发生积极的变化。例如，在体育馆、图书资料室、球类房的主要出入口，设置一面醒目的镜子，有助于师生整理仪容，约束言行。在体育场馆醒目处、通道口陈设体育格言箴语，将有利于学生开阔视野，激发他们学习体育、参与体育的热情。体育教学环境建设中充分发挥强势因素的作用是调控中的重要方面，但应当根据具体情境灵活运用，不能生搬硬套，这样，对体育教学环境的调控才能获得理想效果。

4. 重视体育教学环境调控中师生的主体作用

体育教学环境调控中教师的作用是不言而喻的，作为教育者要注意体育教学环境的调控，但是仅仅这样还不够，还应当重视学生在调控体育教学环境方面的作用。同教师一样，学生也是体育教学环境的主人，创造良好的体育教学环境的一切工作，几乎都离不开学生的参与、支持和合作。良好校风、班风建设，体育教学设施的维护，教学秩序和纪律执行，等等，都与学生紧密联系在一起。因此，教师应当重视学生参与体育教学环境建设的主动性，培养他们对体育教学环境的责任感。只有这样，才能使已经形成的良好体育教学环境得到持久的维护，并在学生自觉不懈的努力中变得更加和谐、优美。

在学校体育改革向纵深发展，素质教育成为人们共识的今天，体育教学环境应当引起体育教育界以及学校行政部门的重视，这不仅是因为体育教学是在一个开放的环境中进行，比其他任何一门课程的教学受环境的影响更直接，而且还因为体育教学环境建设作为学校教学的窗口，更容易展现学校教育的特色。重视体育教学环境建设和可持续发展，将是新世纪学校体育改革的一个重要切入点。

第三节 高校体育教学的走向和发展

一、转变观念，提升思想认知

体育学科是我国各级教育的重要学科，体育教育对于促进学生身心健康的发展和社会适应能力的提高具有非常重要的促进作用，新时期要促进高校体育教学的发展，就必须迎合时代特点，紧扣新课改的要求和素质教育的精神，提升对体育学科的思想认识，以思想为指导实现教改的全面推进。

（一）转变应试思维

新时期的体育教学活动应在新的价值观念指导下开展，高校应加强思想认识，转变以往的应试思维，给予体育教改以高度重视，带动所有教师参与到教改中。具体来说，在高校体育教学实践中，应最大化地发挥体育教育教学价值。

高校相关领导和体育教师应树立新型体育教育价值观念，鉴于教师对教学活动、学生的重要影响，教师的价值观念也必然会潜移默化地影响到学生，学生正确体育价值观的树立是以此为基础的。在高校体育教学中，体育教育应真正做到促进学生的体质、心理、社会性健康发展。

（二）探索新型体育教学模式

在高校体育教学中，应在充分分析学生体育学习与发展需求，充分结合小体育教学实际情况的基础上，积极探索选修课与必修课相结合的教育模式，在夯实学生体质基础的同时，给学生自由选择体育项目的空间。

在体育教学实践中，应注意优化教学组织形式，合理选用班级、小组和个人教学，同时，兼顾教学班的共性教学和课内外的个性化体育运动指导，满足学生的个体需要。促进学生的体育健康参与，并能坚持持续参与，在体育教学中切实落实"健康第一""终身体育"教学思想。

二、以人为本，关注教学参与者

（一）重视学生的教学参与

现代体育教学，应坚持"以人为本"，在体育教学中，充分重视和强调学生在体育教学活动中的主体地位，结合学生的特点、情况和体育需求来设计、组织教学活动。首先，高校体育教学中，教师应避免"填鸭式"教学，应具有教学创新意识，在充分了解和分析学生情况、教学目标之后，有针对性地进行教学模式、教学方法、教学组织形式等的创新，以充分调动学生的体育学习与参与积极性；其次，在高校体育教学活动的开展过程中，教师应注重人性化教学环境的创设，尊重学生，在教学过程中加强与学生的交流沟通，倡导师生平等互动。

（二）促进教师的可持续发展

教师在教学活动中是重要的参与者，良好的体育教学活动开展效果的获得，教师在其中一定发挥了非常重要的作用。因此，体育教学要想获得良好的发展，必须重视体育教师的良好发展，才能进一步通过教师来影响整个体育教学的过程和结果，并不断完善学校体育教学。

三、优化教学,落实素质教育

(一) 调整课程目标

在现代科学体育教育教学思想观念的影响下,高校体育教学改革应坚持人本教育、人文教育,注重高校体育教学中的"学习领域目标""课程目标"的科学、合理设置。新时期,高校体育教学应注重改变传统体育教学中的"三基"教育教学,调整课程教学目标,这是当前包括高校在内的体育教学发展与创新的重要途径。具体来说,应重视学生个性发展,促进学生健康、全面、自由发展。

(二) 重视学生体育素养培养

高校体育教学要真正落实素质教育,必须重视高校大学生体育素养的培养。具体来说,体育教学应促使学生的体育文化素养得到本质提升,使学生在实现身体素质与体质水平发展的基础上,同时促进其心理健康和社会适应性的健康发展。此外,高校体育教育教学工作的开展应不仅局限于课堂内,还要重视在课堂外通过各项体育教学活动的组织和实施(各种各样的体育文化活动举办),使学生身心的全面发展得以推动,从本质上提高学生的体育人文素养,只有这样才能从根本上实现大学生主动参与、学习体育活动、知识、技能,大学生才能提高体育锻炼意识,落实终身体育行动。

体育教学要符合素质教育的目标,紧紧围绕学生来开展。在传统体育教学中,竞技体育项目是主要教学内容,它以专项运动项目为主,在新的教学改革的背景下,相关人士提出的"健康第一""以人为本""终身体育"等体育教学理念,逐渐成为学校体育教学的主要内容。在新的教学思想和理念的指导下,高校体育教学要从根本上培养学生的体育素养,不仅要重视学生体育知识和体育技能的提高,还要重视如柔韧性、协调性等身体素质的发展。此外,通过体育教学,促进学生的智能、社交、情商、社会适应力等方面的均衡发展。

四、完善资源和体育教学环境

(一) 加强师资培养

体育教师对于体育教学活动是否能正常开展、能否获得良好的体育教学效果有重要的影响,甚至对整个体育教学的发展都具有重要的影响作用。加强体育教师的师资培养,对于整个学校体育教学来说都是必要和重要的。

现阶段，随着我国体育教学改革的不断深入，在素质教育背景下，要培养优秀的学生，首先必须要有优秀的教师，这也是进行教师队伍建设、加强师资培养的必要性所在。学生成才受多种因素影响，好的教师不一定培养出优秀的学生，但是如果教师师资水平不高，则一定不能培养出优秀学生，甚至误人子弟。

要加强师资培养，从选聘教师到教师在岗培训，再到教师再教育，为教师提供更多学习机会，并创造更多学习条件，都是有利于教师的可持续发展的，对此，整个体育教育系统和学校领导、体育教学管理者都应该有充分的认识。

聘用体育教师时，应加强对教师的资格认定、教师聘任和任职评定等方面的审查。教师资格标准的获得需要经过长时间的学习和实习才能获得，学成之后，要进行严格的考察。重视教师的教学能力考核，尤其要注重教学能力标准考核。一名合格的体育教师应具有教学与育人能力、组织与协调能力、教育研究能力以及教育机制与实践智慧。

针对在岗教师，应重视教师的教学能力培训，不断提高教师的教学能力，通过教师体育素养和教学能力的提高，来影响学生、教导学生，促进学生身心健康发展、终身体育意识和体育实践能力的提高，并推动整个学校体育教学体系的发展。

（二）完善教师队伍结构

体育教师队伍，应重视不同教师之间年龄结构的比例协调，教师队伍中，既要有教学经验丰富的老教师，也要有具有新思想的年轻教师。此外，体育教师队伍，应重视不同教师之间学历结构的整体提高，这就需要加强教师的学习、交流，并重视优秀教师的引进，为本校的体育教师队伍注入新的活力和创新因素，以不断完善和提高教师队伍素质水平。

（三）建设和谐校园体育环境

良好的教学环境是体育教学发展的重要基础，高校体育教学的发展不仅限于教学本身，还要重视环境建设。

首先，高校体育教学需要教学物质设施条件做基础，改善体育教学环境时，改善体育物质教学环境是最重要的前提，良好的体育教学场地、设施、器材能为教师更好地教、学生更好地学提供保障，并避免意外伤害事故的发生。

其次，高校体育教学的发展与完善还应该关注校园体育文化建设。校园体育文化建设涉及多个方面，良好的体育文化建设能为学校提供一个良好的体育学习、体育参与氛围，充分调动师生体育参与积极性，并影响更多的学生参与到体育活动中来，在整个校园的师生体育热情高涨的环境中，体育教学活动的开展必然会变得更加顺畅，能使得学生不自觉地、积极主动地参与到学校组织的各项体育运动之中，形成师生的默契配合，体育活动参与学习也就不再受教与学的目标与任务的"督促"，而成为师生的一种内化行为习惯。

（四）完善体育教学评价体系

高校体育教学的发展离不开教学评价的完善，教学评价是教学的一个重要教学工作内容和环节，要促进高校体育教学的不断发展，高校体育教学评价的不断完善是一个非常有效的推动策略，也是高校体育教学发展的一个必然要求与趋势。

当前，要促进高校体育教学发展、建立科学的教学评价体系，以对学生的学习评价为例应重视做好以下工作：

1. 评价内容应多元化

评价者对学生做出评价，应关注学生多个方面的发展。例如，体育教师对学生做出评价，不能仅仅在期末通过观看学生对某一个体育动作技能的演示就对学生整个学期的学习做出评价，这一个动作的示范与演示并不能概括学生整个学期的体育学习，只是学生体育学习一个方面的展示。教师还应关注学生的体育学习进步程度、学习态度改变、体育运动心理的建设、体育意志品质的发展、与同学及教师的社会性互动等方面。评价内容越丰富，对学生的了解越全面、评价就越客观。

2. 评价方法应多样化

体育教师对学生进行教学评价，要尽可能多地了解学生的信息，这就需要教师应掌握尽可能多的教学评价方法，从多个层面和渠道了解学生尽可能多的学习信息，来对学生做出全面、真实的评价。

3. 评价标准应有科学依据

体育教学应促进学生体质健康、心理健康、社会健康等多方面的发展，以体质健康为例，应根据科学化、具体可量化标准对学生的体育学习进行评价，将体质健康测试内容明细化、规范化，纳入体育课考核中来，以制度为指引，严格对大学生进行健康检测。

4. 评价主体应多元化

传统体育教学评价中，教师是唯一的评价者，新课改下，体育教学应关注学生的身心健康和个性发展，对学生评价做到多方面，要了解学生的各个方面发展，教师的评价角度是一个重要角度，教师还应通过学生互评、家长评价来了解学生，综合评价学生，如此才能更好地发现问题、完善教学。

第二章 高校体育教学元素的多维审视

第一节 高校体育教学的多元化学科基础

一、高校体育教学与人文主义

（一）人文主义在高校体育教学中的表现

1. 人文主义概述

改革开放以来，我国的教育事业有了较为显著的发展，并取得了理想的成绩。教育事业的发展与人文主义教育理念的重建有着非常密切的关系。

古希腊时期，人们对身心和谐的教育理念较为崇尚，文艺复兴时期，对个性的觉醒与解放非常重视，而到了启蒙时期，则对人的全面发展的教育非常关注。再后来，教育的主题之一——公民教育成为重要内容。一切的人和人的一切是教育的最终目的，这就是所谓的爱尔维修"人是教育的产物"的教育论断的主要观点。所以说，人文主义的文化传统和历史积淀是非常深厚的，这一点通过对西方教育史的了解可以得知。

由于市场经济的发展和物质财富的丰裕，在一定程度上对教育有所冲击，另外，各种新思潮的不断涌现，人们的素质和韧性等方面出现了较为混乱的局面。在这种情况下，人文主义教育观的重建成为一种必然。

21 世纪初，基础教育课程改革正式启动，并且将学生人文素质的培养目标明确了下来：要使学生逐步形成正确的世界观、人生观、价值观，具有初步的创新精神、实践能力、科学和人文素养以及环境意识，具有适应终身学习的基础知识、基本技能和方法，具有健壮的体魄和良好的心理素质，养成健康的审美情趣和生活方式。

2. 体育教学中的人文主义

在体育教学中，人文主义思想主要体现在以下两个方面。

①体育教学自身的人文属性，具体来说，就是要在体育教学过程中对学生身心的培养引起高度重视，不仅要对学生强壮的身体进行塑造，而且还要对学生良好的心理与品德进行培养。体育教学中知识的传授以及对学生关爱性的思想的传达等的实现，都要通过这种身体行为上的活动。

②体育教学对教学过程中认同和尊重学生的人权、价值追求等方面进行了突出的强调，作为教育的重要对象与主体，不仅要对学生人的属性给予一定的肯定，还在此基础上，对学生的个体需要与兴趣充分尊重，对学生个性化发展的培养引起高度的重视，并对体育教学提出了相应的要求，例如要给学生带来愉悦、实现情感的宣泄、通过这种方式展现出对学生的关心和爱护满足学生的生理与心理发展要求、实现最高层面的体育教育价值等。

（二）人文主义思想在高校体育教学的作用和意义

在高校体育教学中，人文主义思想具有非常重要的作用和意义，从其本质上来说，这一重要作用就是对人类自我认识的强烈暗示以及对体育教学的强烈推动作用。其主要体现在以下三个方面。

1. 人文主义思想能够有效推动高校体育教学的发展

教育的服务对象是人，因此，这就要求教育一定要充分体现出其显著的人的价值，将人的潜能挖掘出来，使个体的个性特征得到进一步发挥，将个体力量充分展现出来。作为一种将外在身体素质训练与内在精神教育融合在一起的教学活动，体育教学不仅要与这一要求相适应，而且还将新时代教育背景下对基本教育形式与教育发展方向的要求充分地展现了出来，通过与人文主义思想的重要内容的有机结合，对教育教学的深入发展起到了更加全面的推动作用。

2. 人文主义思想能够体现出高校体育教学的教育理念

在高校体育教学中，教学过程往往是体育教学的人文属性的展现平台，能够在教育过程中渗透出"以人为本"的基本教育理念，并将人文内涵与人文价值蕴藏于教育内容中潜移默化地传授给学生。实际上，体育中凝聚了竞争、创新、进取等优秀的品质与精神，这些方面在很大程度上与人类与生俱来的相信自我、实现自我与超越自我的精神相适应，因此，就构成了人类最高境界的精神需求。

3. 人文主义思想能够使学生在体育教学中更好地学习

高校体育教学能够为学生不断对体育人文色彩与人文精神进行感悟提供一个良好的环

境，在这个环境中，学生能够借助于体育运动来将自身的各项本能充分地激发出来，从而进一步强化自身的自我需求。由此可以看出，体育教学不仅能够让学生在身体上得到一定的锻炼，而且能够为学生精神层面的提升创造良好的条件，使学生的理解能力得到进一步的提升。这也将人文主义的思想与内涵充分地体现出来，将个体成长过程中所经历的各种磨难充分地展现了出来，体育教学的现实化与现代化的发展模式由此被催生出来。

二、高校体育教学与多元智能教学

（一）多元智能教学理论概述

每个人都具有多元智能，具体来说，这所谓的多元智能主要包括八种智能：语言智能、逻辑—数学智能、空间智能、身体运动智能、音乐智能、人际智能、自我认识智能等。因此，这就要求对学生的能力进行评价时，不能够单从某一方面进行，而是应该全面、多维地进行客观评价。

多元智能理论的提出具有非常重要的意义，其在很大程度上为世界各国教育教学实践的改革提供了必要的理论依据。我国也非常重视"多元智能理论"。当前，我国教育改革的主旋律是呼唤有智慧的教育，培养有个性的学生。另外，今后体育教学改革的一个方向，就是通过多元化的教学模式和手段的运用，进一步对学生特质和发展潜能引起关注，使学生不仅具有强健体格，还要具有健全的人格，获得身心的全面发展。最先将身体运动智能纳入人类智能范畴的是加德纳，通过深入了解多元智能理论，可以得出，人的认知方式是独特的，每一个人的智能强项都与其他个体之间有着一定的差别。鉴于此，就要求在对学生的智能进行开发时，要遵循个体差异性原则，做到因材施教。传统的教学模式对学生的学和教师的教都有一定的限制，因此，通过各种各样有创意的、有情趣的、能够吸引学生的教学形式和方法的运用，多维度地为学生搭建发挥各自智能强项的舞台，是非常有必要的。

通过在体育教学中运用多元智能理论，能够达到将多元智能理论与体育教学有机结合起来并寻找最佳结合点的目的，从而更好地为体育教学提供新的理论依据和支持。

（二）多元智能教学在高校体育教学中的应用

1. 高校体育教学中多元智能教学的模式

根据多元智能教学理论与高校体育教学规律，可以构建出"多元化体育教学"的模式。具体来说，体育多元智能教学的模式主要体现在以下几个方面。

(1) 多元化教学形式

引导性较为突出，其中包括教师与学生、理论与实践、示范与指导和分组与合组等多个方面的有机结合。

(2) 多元化教学内容

综合性较为突出，包含的教学内容主要具有以下特点：一是针对性；二是创新性；三是现代性；四是丰富性。

(3) 多元化教学方法

科学性较为突出，教学方法主要包括小组合作法、教师带领法、教学比赛法和角色置换法。

(4) 主体化学习形式

自主性较为突出，包含的内容主要有学生的创新能力、教学实践能力、语言表达能力和思维能力。

(5) 多维化考核评价

合理性较为突出，包含的内容主要有平时成绩、技术考试成绩、理论考试成绩和教学实践成绩的有机结合。

2. 高校体育教学中多元智能教学的实施方法

体育多元智能教学的实施方法有很多，下面就对几种主要的智能及其教学设计和具体实施方法进行详细的阐述（表2-1）。

表2-1 体育多元智能教学的实施方法

多元智能	教学设计	具体实施方法
语言智能	1. 创造语言学习环境，让学生学会有效地说话 2. 帮助学生在倾听中学习 3. 让学生撰写学习心得	1. 教学中学生互评，锻炼语言表达能力 2. 授课过程中鼓励学生勇于提问 3. 课后撰写心得，培养写作语言能力 4. 在学生与学生、教师与学生的教学形式中，有效地沟通，培养语言交流能力 5. 在角色置换中，以老师的角色在教学实践中培养和发展学生的语言组织能力
逻辑—数学智能	1. 采用不同的提问策略，提出问题让学生解答 2. 要求学生判断他的陈述和观点	1. 技战术教学，让学生发挥想象力，鼓励用开放式思维思考问题并判断正误 2. 运用物理学、生物力学、解剖学等理论知识分析技术动作要领

续表

多元智能	教学设计	具体实施方法
音乐智能	1. 让音乐成为学习的一部分 2. 通过音乐进行学习 3. 用音乐激发学生的创造力	1. 准备活动采用伴随音乐的活动操，培养学生身体的协调性和节奏感 2. 鼓励学生自选音乐创编活动操 3. 利用角色置换法，带领大家进行活动操
身体运动智能	1. 创造身体的学习环境 2. 通过表演的方式进行教学 3. 通过体育活动促进智能发展	1. 教学中以学生实践为主，增加练习时间 2. 通过效果展示和比赛，让学生展现自我 3. 通过学习街球、球类操等促进智能发展
空间智能	1. 为学生创造视觉化的学习环境 2. 采用多媒体分解技术动作成因	1. 采用直观教学方法，增强学生的观察能力 2. 鼓励学生多看体育教学、比赛录像
人际智能	1. 实现真正的合作学习 2. 在与他人接触中学会成长 3. 学会解决矛盾和冲突	1. 教学中，培养团队精神和集体主义精神 2. 学会处理学生与学生及老师间的关系 3. 培养学生组织能力
自我认识智能	1. 引导学生树立并实现自己的目标 2. 有效的运用各种积极的评价 3. 注重情绪学习，促进学会反思	1. 采用阶段性目标教学，鼓励学生自我树立学习目标，并逐步实现 2. 学会自我评价，发现优势潜能和不足

（三）多元智能教学对高校体育教学的作用和意义

在高校体育教学过程中，多元智能教学具有非常积极的促进作用，主要体现在以下几个方面。

第一，在高校体育教学中，通过多元智能教学的运用，能够使学生更加熟练、牢固地掌握各体育运动项目的技术和理论知识，同时能有效提高其语言表达能力和思维能力，有利于理想教学效果的取得。

第二，在高校体育教学中，通过多元智能教学的运用，能够有效避免一些矛盾和弊端，比如较为典型的传统教学模式中对学生综合能力培养相对不足等问题，能够使教学模式与智能培养的特点更加相符。这对于理想的教学效果的取得也是非常有利的。

三、高校体育教学与其他科学理论

（一）高校体育教学与人的社会化

1. 人的社会化概述

人的社会化对社会的生存与发展有着非常重要且深远的影响。尽管有不少学者都对人的社会化有一定的研究，但是，在研究角度和重点方面还没有形成统一。可以将人的社会化简单理解为，社会将一个"自然人"教化为一个"社会人"的过程。

2. 体育教学对人的社会化的影响

（1）体育教学促进学生掌握生活技能

通常情况下，生活技能主要包括两个方面，即日常生活技能和谋求生活、参加生产的技能。在不同的发展阶段，人们学习和掌握生活技能的侧重点也有一定的差异性。身体练习是体育教学的基本手段，同时也是生活技能的学习途径，因此，对于生活技能的掌握来说，体育教学的身体练习具有非常重要的作用。除此之外，体育教学还能为体质的增强、专门技能的训练等提供必要的物质和精神保障，为人们更好地掌握生活技能奠定坚实的基础。

（2）体育教学有利于社会文化的学习和掌握

社会文化的核心是由社会规范和价值体系两个部分构成的。

社会规范主要表现为法律规范、道德规范、风俗习惯、宗教戒律以及各种各样的生活规则、条例、制度等。一般来说，目前体育教学的载体基本为运动项目和体育游戏的教学。体育游戏对社会文化学习有着非常重要的作用和影响，其中，有学者做出了这样的论述：体育游戏独具价值的规则，使得青少年在游戏中初步认识了规则，养成遵守规则的习惯，并加深了社会约束力的理解。而这种体验，则在一定程度上迁移和反映到现实生活中去，直接或潜移默化地影响他们在现实生活中对社会行为规范的意识，缩短对社会行为规范掌握的过程，并转化为实际行为，形成习惯，造成行为的社会定式。

另外，体育教学对于价值体系的形成也有非常重要的作用。其主要表现在，体育教学相较于体育游戏项目的学习和教学，形成个体系统的文化知识，开发个体的一般智能，形成个体系统化的价值观念、道德概念体系，使形成的个体价值观念等方面与主流的方向相一致等方面，对于社会规范的学习所起到的作用更加积极、有效。

（3）体育教学是培养社会角色的重要有效途径

在社会生活中，每个人都要扮演不同的社会角色，这也对人的社会化起到了一定的促进作用。角色学习包括的内容有很多，其中，最主要的有与角色有关的权利、义务的学习，适合于角色的态度、情感和愿望及角色的变迁的学习等。高校体育教学对于社会角色培养有着较为独特的作用，具体来说，表现在以下几个方面：第一，在体育教学中，学生有可能扮演着不同的角色，比如学生、裁判员或者教练员等，这些不同角色扮演的教学过程，对于不同角色任务的了解，角色多样性和稳定性的理解，扮演角色技能的锻炼，角色的态度、情感以及心理习惯和社会习惯的培养等都会产生非常积极的促进作用。第二，体育教学还具有通过教师的示范和学生的模仿来完成教学的显著特点。学生的这种模仿学习的方式对于课堂上所有的教学内容都适用。因此，学生通过对教学中模仿与扮演角色的种种体验的感受，能够使自己以及自己与集体和社会关系的意识得到进一步的强化，对自己的社会角色地位也有深入的认识，对自己的行为方式有所理解，进而提升自身的学习能力。

（二）高校体育教学与道德教育

1. 体育教学与道德教育的关系

体育教学与道德教育的关系主要体现在以下两个方面。第一，道德的实现要以体育教学为主要途径。体育教学的根本目标是增强学生体质，促进身心发展，培养德、智、体全面发展的社会主义建设者。由此可以看出，道德教育是体育教学的重要内容之一。另外，体育教学的教学形式多种多样，都是通过各种身体练习和活动来进行教学的，而在这一过程中的各个方面中都渗透着道德教育，这样往往能够取得事半功倍的教学效果。第二，体育教学质量的提高在一定程度上得益于道德教育。体育教学是道德教育的有效途径，同时，它还是提高体育教学质量的重要途径。这主要是由于，要想使学生积极主动地参与体育课，就必须使学生对于体育学习的结果产生一定的认识和理解。通过道德教育，能够使学生的思想认识水平有所提高，学习态度有所端正，对体育学习的认识进一步提高等。从而使他们在体育训练中能够达到克服困难、完成教学任务的目的，进而使教学质量得到有效提高。

2. 道德教育在高校体育教学中的作用和意义

（1）道德教育直接影响学生的全面发展

通过道德教育的理论与实践相结合的教学方式，能够有效地将学生身心活动、理论与实践、思维与动作统一起来，对理想信念教育进行强化，使大学生的知、学、行的统一性得到进一步增强和深化。从而使学生体育运动的能力和思想意识等有机统一起来，成为全面的优秀人才。

(2) 道德教育促进高校体育教学的发展

当前社会与经济的不断发展以及文化的多元化,对学生的综合素质提出了更高的要求。同时,这也是学校教育工作的需要。学生时期是一个学习系统的道德知识、树立理性的道德观念、拓展道德实践空间的一个关键时期,在这一阶段的体育教学中渗透道德教育,能够将我国优良的品德传授给学生,使学生对他人、对社会都有积极的影响和贡献。

(三) 高校体育教学与美

1. 美在体育教学中的体现

在体育教学中,处处体现着美,因此,具有较为广泛的美的内容,具体来说,主要体现在教学过程、教学内容、教学环境、教师和学生形态等几个方面。

(1) 教学过程的美

体育教学过程的美主要包括两个方面:一是教师和学生在具体教学活动中所表现出的丰富的创造性活动;二是指教师和学生在动态中形成的具有美的特征的组合形式。在整个教学过程中不仅要体现出教师的独特性和学生的个性,还要具备教学的完整性、有序性、节奏性等。

(2) 教学内容的美

由于教学内容本身在教学活动中占有突出的地位。而且,具体教学内容中所包含的大量美的因素对此产生了决定性的影响。因此,在体育教学中,教学内容的美是非常重要的一个方面。体育教学内容中的美具有一定的广泛性,这种广泛性体现在从人类文化知识体系中直接迁入的艺术美、社会美、自然美和科学美的内容方面,同时也体现在经过教师和学生实践改造之后而具有美的特征的内容。另外,体育教学中教学内容的美不仅是指外在的形式美,还指内在的美,比如崇高的理想和情操、坚强的意志和顽强的品质等。

(3) 教学环境的美

教学环境主要包括场地、器材的选择和布置等在内的教学的主要外部条件。环境对人的活动会产生一定的影响,对于高校体育教学来说,周围环境的影响同样不能忽视。教学环境不仅是教学实施的必要条件,同时,良好的教学环境的作用体现在以下几个方面:第一,可以给学生以美的感受;第二,提高学生学习的兴奋性;第三,有利于学生疲劳的消除、紧张心理的缓解以及技能的理解和掌握等。

(4) 教师和学生形态的美

教师和学生在教学活动中的行为方式的总和,就是所谓的教师和学生的形态,具体来说,其主要包括举止、表情等。所谓形态美也就是指教师和学生的行为举止、语言和仪表等所表现出来的美。在高校体育教学活动中，教师的形态美和学生的形态美是相互联系的，两者之间相互感染，特别是教师的形态美，其重要的牵引作用非常显著。

2. 美学在体育教学中所起的作用

（1）能够有效地提高体育教学效应

在体育教学中，美对于体育教学效应的提高起着重要的促进作用，其主要表现在两个方面：第一，教师在认真备课、认真钻研教材的过程中，能够在对教学内容美进行体验的基础上，通过创造性的教学方式，来将教学内容的美充分展现给学生；第二，学生在教师主导作用下，创造性地进行学习，从而达到知识、动作技术、体质以及智力、情感、思想品德等方面都有一定程度的提高和发展的目的。

（2）能够细致、深入地进行体育教育理论的研究

虽然我国对体育教学理论的研究非常多，但是基本上都是从社会的政治经济制度和生产力发展角度进行研究的，而从人的价值、人自身发展的角度进行研究的则相对要少许多。体育教学的任务不仅是向学生传授知识和技能，同时还要对学生内在的心灵和品质进行塑造和培养。美的教育和审美能力的培养，对于体育教学任务的完成起着积极的促进作用，同时也对学生情感的激励和心灵的净化起到重要影响。

（四）高校体育教学与艺术

1. 体育教学与艺术教育的有机结合

通过将体育教学与艺术教育有机结合起来，将艺术渗透到体育教学中去，能够使体育教育的宗旨得到进一步完善，使体育教学的功能得到提高，体育教学的内容也得到丰富，体育教学的形式得到较好的改善，体育运动的魅力有所增添，因此具有非常重要的意义。主要体现在以下几个方面。

第一，对学生艺术素质的培养十分有利。社会的不断进步对体育教学产生了较大的影响。为了适应社会的需求，学生应该紧跟时代潮流，进一步提高自身的艺术素质。作为社会发展的未来中坚力量，学生还要在进行艺术教育的过程中，反过来进一步促进艺术教育的发展和顺利进行。因此，这就要求通过体育教学，来进行审美和艺术教育，从而使学生在强健身体、完善心灵的同时，审美能力和艺术素质也得到有效的提高，进而成为全面发展的人才。

第二，通过美育教育来使艺术素质提高。艺术教育的核心内容和主要途径是美育教育。艺术教育能够使人的想象力丰富，人的感知力得到发展，人的理解力有所加深，人的创造力有所增强，这些对于全面发展的优秀人才的塑造有重要作用。

第三，体育教学中实施艺术教育是必然的。现代教育的主要目的是将学生培养成素质全面的人才。其中，艺术素质是非常重要的一个部分。体育的审美性对体育教学的艺术性起到了重要的决定性作用，因此，在体育教学中实施艺术教育，不仅有利于审美教育的完成，还有利于教学任务的完成，从而有效提升学生的艺术素质水平。

2. 艺术教育在体育教学中的作用

在体育教学中渗透着艺术教育，具有非常重要的作用，具体表现在以下几个方面。

（1）能够有效提高体育教学质量

在体育教学中，老师将艺术教育的作用发挥出来，通过优美、准确的示范动作，使学生的学习积极性得到进一步的激发，使学生对美的联想和追求进一步提升，从而促使其对运动技巧、技能的理解和记忆进一步加深，进而使学习的效果得出进一步的提升。

（2）能够激发学生参与体育锻炼的热情

在教育中，体育教育是重要的组成部分之一，因此，其也肩负着促进学生素质教育的任务。学生对体育和艺术的审美能力需要进行培养，而在这一过程中，也会有各种审美心理及审美心理效应产生，具体来说，就是会引起学生欣赏—羡慕—向往—实践的连锁式的心理反射。这一心理效应的产生能够使学生的学习热情和追求美的欲望得到有效激发，对于学生参与体育锻炼的积极性和热情也有积极的促进作用，为终身体育奠定基础。

（3）有利于培养学生的高尚情怀

全面发展的人才，一定不能缺少美育，其与智育、德育、体育有着较为紧密的联系，它们之间互相依存，互相促进，相辅相成。通过体育教学，对于学生精神上追求优胜、追求荣誉的理想美的追求，有着非常积极的促进作用。同时，还有利于"胜不骄，败不馁"的意志美和体验集体主义、爱国主义的情感美的培养与建立。

第二节　大学生身心发展特征与教学

一、大学生认知心理与教学

（一）观察力的发展

观察是有一定目的的、主动的感知过程。视察力与思维活动联系着，是一种感知与思维相结合的能力。大学生随着抽象逻辑思维的发展，能够透过事物的现象看到事物的本质。同时，他们观察的目的性、计划性、组织性也增强了，观察的范围比以前扩大，并加深了。这与知识的增长、兴趣的广泛有关。

由于大学生感知和思维的特征存在个别差异,加上实践经验和所受训练的不同,观察力的发展一般分为三种类型:一是分析观察型。分析观察型容易产生只抓住细节而忽略整体性。二是综合观察型。综合观察型容易产生只抓住整体而忽略细节。三是混合观察型。混合观察型能吸取前面两种类型的优点。因此,在教学过程中要注意培养学生具有分析观察和综合观察的能力,发展混合观察型,使大学生学会全面而又深入地观察事物。

(二) 注意力的发展

注意是人的心理活动对一定客体的指向和集中。注意不是单独的心理过程,而是一切心理活动的特性,各种心理活动的过程都离不开注意。认识活动同样要求集中注意力,集中注意力可提高认识活动的效果。注意力的发展与大脑的生长发育以及教育训练有关。

大学生在认知活动中,要想使注意力集中,就需要有明确的学习目的与任务。对于特别有兴趣的学科,在学习过程中还可能出现"有意后的注意",即被该学科的学习材料所吸引,出现全神贯注、不知疲倦地学习的情况。另外,有的大学生有时为了解决某一个问题,做较长时间的思索,高度集中注意,从而诱发出解决问题的"灵感"。

需要注意的是,身体的健康与否对注意力有影响,也就是说,在身体欠佳或疲劳时,注意力是难于集中的。

综上述可知,在教学过程中,要想取得较好的学习效果,应该注意以下几个方面:第一,要指导学生明确学习目的,培养其学习的兴趣;第二,要科学安排学习的时间,不同类型的课程学习适当穿插进行;第三,要注意身体健康,劳逸结合,保持精力充沛。

(三) 记忆力的发展

记忆是人脑对过去经验的反映,记忆的功能是对输入的信息进行编码、储存和提取。大学生的记忆已发展到以逻辑记忆为主。逻辑记忆的发展,在 20 岁至 25 岁达到最高峰,然后逐渐下降。

大学生由于所学习的专业不同,所受的训练不同,各种感觉记忆的发展也有所不同,形成不同类型的记忆。例如,美术专业的大学生易于形成视觉记忆型;音乐专业的大学生易于形成听觉记忆型。舞蹈和体育专业的大学生易于形成动觉记忆型。对于一般专业的大学生来说,大多数属于混合记忆型。大学生由于受到长期的专业训练,其逻辑记忆的发展水平比一般未受专业训练的青年高。在大学生的记忆特点中,逻辑记忆占绝对优势,逻辑记忆的优点主要体现在两个方面:第一,能把所记忆的材料尽可能纳入有关的知识系中；第二，在解决问题时能迅速提取所储存的信息。大学生正处在逻辑记忆发展到达"顶点"的时期。因此，大学的教学要抓住时机，更好地发展学生的逻辑记忆力。

（四）思维力的发展

思维是高级的复杂的认识过程，它能够揭示事物之间的复杂关系及其本质。思维是对客观世界作间接的概括的反映。它在认知活动中起着主导的作用，并与语言有联系。

1. 抽象逻辑思维能力的发展

青年初期，抽象逻辑思维就逐渐占主导地位，可以超脱实物形象的支持，凭借抽象的概念进行逻辑推理和判断。在思考解决复杂的问题时，即使需要实物形象的支持，实物或实物形象也是处于辅助的地位。

但是，青年初期由于知识经验不足及辩证逻辑思维能力还不够强，在思维活动中往往容易产生片面性。到了青年中、晚期，尤其受到高等教育的大学生，他们的科学文化知识提高并受到专业的训练，能高度地发展抽象逻辑思维能力。如果引导得当，辩证逻辑思维能力也能得到发展，看问题、分析问题就比较全面。由于实践经验知识的不足，有时还会产生片面性，这就需要教师在教学过程中给予一定的指导和帮助。总的来说，大学生的抽象逻辑思维能力的发展正处于从量变到质变的重要时期。

2. 大学生抽象逻辑思维发展的特征

（1）思维的逻辑性

研究结果表明，大学生的逻辑推理能力随着年级的升高而加强，并与学习成绩、大脑反应的敏捷性有关。思维的逻辑性是抽象思维最基本的品质，也是书面或口头表达能力最基本的要求。大学生虽具备主客观的有利条件，但如果不加以训练，也会出现思维逻辑混乱的现象。

（2）思维的独立性与批判性

由于抽象思维的发展，丰富了大学生的主观世界，并初步形成一定的世界观，对客观世界的自然现象和社会现象大都会有自己的看法。一般来说，大学生在学习中有喜欢独立思考的倾向，对各个学派的观点不轻易接受，总要进行一番评价，接受正确的，批判错误的，提出疑问或新的见解。大学二年级的一位学生写到："以前上课时教师讲什么是什么，全部接受，高中以后能够进行思考，提出问题，争论问题。对于作业总是去独立思考，并试着用多种方法去解一个题。对于政治经济学中的理论，要求教师要讲得有说服力，对于有关问题常与教师、同学展开争论"。表达了大学生具有思维独立性倾向，是很可贵的品质，它可以使学生的学习达到认识活动的高层次——分析、综合、评价，有利于培养学生的独立思考、独立工作能力。但是，如果固执自己的错误见解，也可能产生消极面，无论积极面或消极面，都是高等学校教学中要充分注意的。

（3）思维的独创性

思维的独创性的特点主要包括三点：第一，表现出高度的思维活跃性；第二，想象力很强；第三，发散性思维的发展。思维的独创性往往是创造性思维的开端，因为创造性思维与发散性思维以及想象力有着密切的联系。发散性思维的特点是新颖性和独创性。青年期发散性思维发展的一般规律：青年早期发散性思维发展快，青年晚期仍有所发展。

在教学上可以从以下几个方面对大学生抽象思维训练提出较高的要求：第一，要求大学生对复杂的问题能够从理论上进行分析和概括，能用理论来解释具体事物的本质和现象，并进一步去认识新的事物；第二，对客观事物能够进行多阶段的分析和综合，并能透过现象看到本质，发现事物的基本规律；第三，思维具有独创性与批判性，能够从多方面的联系来考虑问题和解决问题。大学生要想达到以上要求，就必须在认知活动中做出较大的努力，使认知能力向更高的"顶峰"发展。

二、大学生个性心理与教学

（一）个性的意识倾向性

1. 需要

需要是机体在一定的生活条件下，对客观事物的需求，通常以意向、愿望和动机的形式出现。大学生的需求较复杂。一般来说，对物质生活的需要比高中学生要高一些，而对精神需要却有更高和更广泛的需求。如对知识、理想的追求，对交往、理解、参与的渴望，对友谊、爱情的需要，以及对职业的谋求等，不但比高中学生复杂，而且往往比成年人强烈。

2. 动机

动机是在需要的基础上产生的，是激励人们去行动或抑制行动的内在原因。大学生的动机也是较复杂的，同样的一种行动，可能有几种不同的动机。例如，大学生的学习动机，有的是获得文凭，谋个好职位；有的则是满足家长的期望；有的是将来更好地为祖国的社会主义建设服务等。当然，这些动机，往往兼而有之。

大学生的学习动机，往往受制约于社会大环境和学校"小气候"，受同学、师友的影响。在正确的引导和良好的环境中，许多大学生通过自己的实践，不断地端正学习动机，更加勤奋学习。但如果环境不良，又不加引导，则很可能入学时的积极动机减弱或消失，产生厌学情绪。因此，在教学过程中，要教育大学生认识专业学习的重要性，激发他们对专业学习的热爱，注意帮助大学生端正学习动机，树立为社会主义建设做贡献的学习思想。

3. 兴趣

兴趣是一种特殊的意识倾向。大学生的兴趣更集中表现在认知倾向上。它与大学生的需要、动机和理想有密切的联系，也是大学生个性发展的一个不可忽视的心理因素。积极的兴趣能够促进良好的个性特征的形成，而良好的个性又能带动积极兴趣的发展。对兴趣的选择和使之稳定关系到一个人的成才。

大学生的兴趣往往与社会的需要有关，社会需要会激发大学生的兴趣。从总体上考察大学生的兴趣，就可发现其时代的烙印。也就是说，大学生的兴趣形成与发展和一定社会的历史时代息息相关。

大学生的中心兴趣的形成一般经历过三个阶段，即有趣、乐趣、志趣，并从直接的兴趣发展到间接的兴趣，对学习研究或活动的结果感兴趣，而不是只限于对活动本身感兴趣。兴趣从低级阶段向高级阶段发展，是兴趣的升华，通向理想的桥梁。最终使兴趣与理想结合起来，形成一生的志趣。这是通向成功的大道。因此，在教学上注意培养学生的中心兴趣是很重要的。

4. 理想

理想是对未来可以实现的奋斗目标的向往与追求。大学生的理想特点，具有日益概括的性质，而且逐渐稳定，反映自己的立场、观点、信念、人生观与世界观。另外，他们的理想往往还具有浪漫主义的色彩。因此，教学中帮助大学生树立崇高的理想，有利于他们为美好未来而奋斗。

5. 信念

信念是对所获得的知识的真实性坚信不疑并力求加以实现的个性倾向。信念伴有一定的情感色彩，是知和情的高度统一体，也是知识转化为意志行动的中介和动力。信念的作用给个性倾向以稳定的结构，是人们强大的精神支柱，它和理想结合在一起，成为个人倾向性的核心部分。大学生在学习中掌握科学理论知识、随着信息量的增加和所参与的人际关系中得到的体验，通过分析、比较、独立思考，形成某种信念，在信念的基础上，进一步形成人生观与世界观。

以上五个因素是相互联系的，组成有机的整体，在教学上要有意识地促进各个因素的形成和发展。

(二) 个性的心理特征

个性的心理特征，指人们在行为上经常表现出的具有稳定性的特点。主要指气质与性格。

1. 大学生的气质

气质是人所具有的心理活动的动力特征。主要是神经过程基本特性在行为上的表现，使青年大学生的行为具有这样或那样的独特风格。处在青年中、晚期的大学生，大脑、神经系统发育成熟，气质特征已基本形成。

在日常的学习生活里，同样对待一件事情，有的大学生情绪易激动，坐立不安；而有的大学生情绪较平稳、较沉着冷静。

神经过程的基本特性可分为强度、均衡性和灵活性。由于这些特性的不同结合，表现出几种心理特性：感受性、耐受性、反应敏捷性、可塑性、情绪的兴奋剂、外倾性与内倾性等。由各种心理特性的不同组合，组成四种典型的气质类型，形成青年气质类型的主要特征。

胆汁质（兴奋型）：神经过程强而不均衡，不灵活、感受性弱；行为表现直率、精力旺盛，心境变化激烈，不易控制自己的情绪，感情易激动，外倾性明显、行为的可塑性不大。

多血质（活泼型）：神经过程强而均衡，灵活、感受性较弱，耐受性较强；行为反应灵活敏捷，情绪易表露和变换，外倾性明显，行为的可塑性大，喜欢与人交往，注意力容易转移，兴趣多样，适应性强。

黏液质（安静型）：神经过程强而均衡，不灵活，感受性弱，耐受性强、行为反应较迟缓，稳重、寡言，情绪不易表露，内倾性明显，注意力的转移不快，注意力稳定，行为的可塑性较小。

抑郁质（弱型）：神经过程弱而不均衡，一般抑制过程稍强不灵活，感受性强，耐受性弱；行为反应迟缓，喜欢独处。察觉细致，体验深刻，情绪易波动且持久，内倾性很明显，行为的可塑性小，气质没有好坏之分，与成才没有必然相关，因为气质只能使个性带有一定的色彩和风貌，而不能决定一个人的个性发展的内容和好坏。同时，气质也只能使智力活动具有一定的风格和方式，而不能决定一个人的智力与才能发展的高低。在高等院校里，可以观察到，优秀的大学生、三好生当中，各种气质类型的都有。

但气质却与职业选择有关,这主要是指哪种气质类型的人从事哪种职业较为合适而言。

2. 大学生的性格

性格是人对现实的态度及其行为方式所表现出来的最稳定的心理特征。这种心理特征是大学生在自我意识的调节下所形成的经常化的成为习惯的一些思想行为。性格是组成个性心理的主要部分。性格的结构非常复杂,包含着多种多样的特征,性格按照不同的类型的划分主要如下几种:

(1) 按照大学生心理活动的倾向性划分

第一,内倾型。这种类型的大学生在活动中较少有情绪和动作的表现,多思考、稳重,显得沉静、孤僻,不善于交际。

第二,中间型。是外倾型和内倾型的过渡型,即兼有两者的某些特征。

第三,外倾型。这类型的大学生有明显的情绪和动作的表现,显得性格开朗而活跃,善于交际,但情绪的自我控制弱些。

(2) 按照机能学说的划分

第一,意志型。这种类型的大学生自我意识的调节能力很强,行为的目的性较明确,善于克服困难,是中间型。这种类型的大学生不论哪种心理机能的优势都不明显,往往是由某两种心理机能相结合而形成的。

第二,情绪型。这种类型的大学生自我意识的调节能力不够强,情绪易波动,行为往往带有情绪的色彩,容易感情用事。

第三,理智型。这种类型的大学生自我调节能力较强,善于思考问题,能预见行为的后果,行为稳重而灵活,活动效果较好。

(3) 按照思想行为的独立性划分

第一,独立型。这种类型的大学生在活动中独立性较强,善于独立思考与解决问题,不易受外界因素的干扰,在紧急困难的情况下显得镇静自如,积极地发挥自己的作用。

第二,顺从型。这种类型的大学生在活动中独立性较差,容易接受暗示,不加思考地按照别人的意见办事,在紧急困难的情况下往往表现出张皇失措。

第三,中间型。是顺从型和独立型的过渡型,兼有两者的特征。

性格的形成与气质有密切的关系。气质是由神经过程的基本特性所决定的,就其发生来看,是遗传性的。而从发展来看,气质在后天各种环境因素和教育因素的影响下,通过主体自我意识的调节,就与性格不同程度地交织在一起,成为"合金",不容易区分。在后天环境影响和自我意识调节作用下,气质不能决定性格,只能促进或延缓某种性格特征的形成发展的速度;同样,性格不能使原来的气质特性完全改变,只不过很难找到一个完全没有受性格影响的单纯的原始气质罢了。

大学生的性格与成才有密切关系，性格品质优良的大学生往往是品学兼优的，能够成为对国家有贡献的人才。而性格特征消极的大学生，往往学无成就或者随波逐流。

个性的形成最初在家庭，良好的家庭教育对青年个性的形成起着良好影响；学校教育对青年的个性形成是重要的一环，大学生在学校里受系统的科学知识教育、专业的训练，以及文化、道德的熏陶，智力、情感、意志、兴趣、理想等得到较充分的发展，逐步树立正确的人生观和科学世界观，形成优良的个性心理品质。青年的社会实践活动，是培养优良个性品质的途径，特别是当青年大学生的理想、信念、人生观和世界观确立以后，形成自我意识的调节系统，能够按照自己的理想、信念、人生观和世界观来调节自己的思想行为。这时，大学生的个性培养就变得主动了，能够产生一种"自我锻炼""自我修炼"的独特动机，在这种动机支配下，大学生就会自觉寻找榜样，确定理想，并且不怕困难，有信心、有勇气去克服各种困难，这是大学生成才的重要保证。因此，教学工作不仅要注意发展大学生的智力、能力，还必须注意发展大学生优良的个性心理品质。

三、大学生的自我意识与教学

（一）大学生自我意识的特征

1. 独立感、自由感、未来感

（1）独立感

独立感是指个体要摆脱监督和管教的一种自我意识倾向。青年前期的独立感出现很强烈，而他们在现实生活中又不可能脱离家庭和学校的监督和管教这种意识倾向和现实生活的矛盾，使他们往往对父母及教师的监督和管教感到厌烦，也不愿意跟一般成人交往，而乐于与同辈结交朋友。低年级大学生的独立感有一定减弱，而高年级大学生在这方面则显得渐趋于稳定和成熟。由于经验、知识的积累，他们改变了对长辈的看法。在学校里，他们愿与教师特别是自己敬佩的教师往来，交谈有关专业、社会、人生等各个方面的问题，希望从中吸取教益；他们中许多人在政治上要求进步，在专业的学习上要求取得好成绩。

（2）自由感

自由感是指个体在群体中要求不受约束的一种自我意识倾向。它是由独立感派生出来的。青年早期的自由感也特别强烈，他们对行动的任何限制往往产生反感。学生上劳动课最乐意自由组合，接受定额任务，这样他们可以摆脱监督，自由发挥作用，争取提前完成，以显示自己的独立能力。低年级大学生的自由感有一定的改善，高年级大学生则由于对是非的辨别能力提高了,能在一定程度上批判个人自由倾向的错误,认识到个人不能脱离集体和组织,较善于处理个人自由与组织纪律的关系;他们在言谈中较能约束自己,克服了过去信口开河的倾向,以免造成不良的后果。可见,高年级大学生的自由感也渐趋于稳定和成熟。

(3) 未来感

未来感是指个体指向于未来的一种自我意识倾向。大学生在发展着的抽象逻辑思维过程中,能根据对过去的自我所进行的概括,以及对当前社会现实的反映,想象着未来的自我,包括社会的发展前景、自我能力的发展、职业的选择、社会地位的要求、婚姻与家庭的设想等方面。未来感是一种"内驱力",在不同程度上激励着大学生争取美好的未来。据调查,大学生未来感的动机很复杂,有着眼于革命事业,要为社会做出贡献的;有为谋求职业,并愿为社会服务的;有完全出于个人利益,对社会需要置于不顾的;等等。属于正确与比较正确的动机范畴的约占80%。未来感激励作用的大小,与动机的正确与否有着很大的关系。

个别大学生的未来感停留于"空想"状态,脱离实际、虚幻缥缈的未来感是不能起到激励作用的。积极的未来感应当具有现实性。如果大学生的未来感符合社会的要求而又具有现实性,则成为美好的理想。要教育大学生不要使自己的未来感脱离社会现实及其要求。

2. 自信心、好胜心、自尊心

(1) 自信心

自信心是指个体相信自己的精力和能力的一种自我意识倾向。这是由独立感派生出来的。青年早期新陈代谢旺盛,精力充沛,思维灵活,记忆力强。这是他们产生自信心的生理和心理基础。但由于他们的经验、知识不足,容易产生过分的自信心,在许多事情上往往不大相信父母和教师,而只相信自己和伙伴。低年级大学生的自信心比较切合实际一点,而高年级大学生在这方面更趋向于客观化和成熟,较能从实际出发,恰当地估价自己。当他们要完成一个任务时,会考虑到这个任务的主客观条件,只有当具备了足够的条件时才对完成任务树立起自信心。

有的大学生从学习中不断获得成功的满足,因而从自信心派生出骄傲感,满足现状,瞧不起别人,以致影响他们的进步和群众关系;也有的大学生在学习中不断遭到某些失败,造成自信心不足,甚至产生畏惧心理,影响着学习潜力的发挥。应当维护和加强大学生的自信心,鼓励他们敢于攀登科学高峰;又要防止自信心的盲目发展,产生骄傲自满心理,甚至造成严重的危害性。

(2) 好胜心

好胜心是指个体争取成功的一种自我意识倾向。它与自信心紧密相关。青年早期过分的自信心，也表现在强烈的好胜心方面。他们乐于参加竞争性的活动，为争夺胜利，不惜一切，全力以赴。有的因为好胜心过分，超过自己的能力，以致过度消耗精力，影响到身心的健康发展。随着能力与精力所受到的实际考验，青年的好胜心逐渐趋于稳定，低年级大学生的好胜心比较不那么强烈了。高年级大学生渐能恰当地估量自己的能力和精力，当他们估量到自己的条件基本具备时，才努力争取成功，而不做徒劳无功的事情。

好胜心在大学生学习和事业上都有一定的积极作用。但好胜心向错误方面发展，可能产生妒嫉心，影响到人与人之间的关系，不利于团结。应当培养大学生具有积极的好胜心，使其胸怀宽阔，敢于克服困难，争取胜利；也乐于看到别人的胜利，愿意共同为社会主义事业做出贡献。

(3) 自尊心

自尊心是指个体要求人们尊重自己的言行，维护一定荣誉和社会地位的一种自我意识倾向。随着个体社会地位的确立，荣誉感的形成，其自尊心也就全面化和稳定化了。即在各种场合主体的自尊心都能显示出一定的作用：当自己的言行受到尊重时，产生自尊心满足感；否则，产生自尊心挫伤感。前期青年的自尊心还不够全面化和稳定化。低年级大学生在这方面得到一定的发展，而高年级大学生的自尊心渐趋于全面化和稳定化了。他们在任何场合都存在着自尊心，挫伤了他们的自尊心，会使他们感到非常难受。自尊心也是一种"内驱力"，激励着主体尽可能使自己的言行受到别人尊重，尽可能维护自己的荣誉和社会地位。

有些大学生的自尊心过强，得到满足时容易产生骄傲感；否则，容易产生挫伤感。过强的自尊心对身心健康不利，并会影响到同学之间的关系。应当尽可能维护大学生的正确自尊心；对于犯错误的大学生，有效的教育方法就是从树立他们的自尊心做起。

在上述大学生自我意识的主要特征中，独立感是主要的，其他特征是由独立感派生出来的，而几个特征又是彼此联系、相互制约的。教学工作要利用其特征的积极面，培养大学生独立学习的能力，明确学习目的，增强学习信心，不断地进取等。同时，要帮助大学生克服其消极的因素。

(二) 大学生自我意识的社会化

1. 自我意识的社会化涵义

自我意识的社会化，是指个体的自我意识指向于社会现实或某一事件，并予以评价，产生一定的心理反应。这种反应的基本形式是满意或不满意，并伴随着相应的情绪。人总有一定物质需要和精神需要，希望从社会现实中得到满足。当一种需要得到满足以后，对社会现实或某一事件就感到一定的满意，但又可能产生新的需要。如果一时得不到满足，则对社会现实或某一现象感到不满意。人总有一些满足不了的需要，难免引起对社会现实或某些事件的不满。从社会发展长远的观点来看，这种心理现象并非坏事，它是社会发展的一种心理因素。但是，应当区分满意与不满意的性质。对社会现实的满意，但可能对某些社会现象不满意；对社会现实的不满，但可能对某些社会现象满意。显然，对社会现实的满意中有不满意，不满意中有满意，这说明人的自我意识是复杂的。

2. 大学生自我意识的社会化表现及其原因

大学生自我意识的社会化中，明显地表现出对社会现实或某一事件的满意和不满意。大学生之所以易于对某些社会事件不满，并且相当强烈，其原因主要包括以下几个方面。第一，思想敏锐。大学生易于反映和接受社会上新鲜的事物，不满于与此相抵触的现状。第二，富于革新精神。大学生的精力旺盛，进取心强，富有理想，力求改革社会，看不惯社会上的保守势力。第三，生活上高要求。有些大学生对社会上出现任何新式的装饰品、用品、食品等，很敏感，爱赶时髦，讲究生活，于是他们的需求不断增多，而现实条件又一时很难满足他们的需求。第四，经验知识不足。大学生特别是低年级大学生的经验、知识还是不足的，不善于全面思考问题，分辨是非的能力还不够强，又容易感情用事。在教学过程中，应当及时对他们进行疏导，以免他们的不满情绪扩大化，造成不良的后果。

（三）自我意识的调节作用

1. 自我认识与评价

大学生根据社会、学校、集体关于思想行为的要求与理论，进行自我认识和评价。而青年早期的自我认识与评价，最初是从评价别人到评价自己，以后既评价别人又评价自己，交错进行，并常做比较，比较时可产生积极的方面，也可能产生消极的方面。

大学生的自我认识和评价表现在各个场合里。如在班组会上做学习思想小结；做学年或毕业的自我鉴定；在日记中的自我叙述；在书信中表达自己的思想感情；在文章中提出自己的思想观点；大学生在阅读小说、观看电视、电影故事后，会自然地联系自己的思想实际；大学生在交往中谈吐自己的思想；在想象中把自己的思想行为形象化，进行自我认识和评价等。

自我认识和评价是自我调节的第一步，也是重要的第一步，在自我认识和评价的基础上最终表现为自我监督和控制。

2. 自我监督和控制

自我监督和控制是自我意识调节作用的另一个更重要的方面。自我认识和自我评价，必须通过实践检验，在实践活动中不断地实行自我监督和控制，从而克服错误的自我认识和评价，使新的、正确的思想行为得以表现并巩固。从而形成优良的个性品质。大学生的自我监督和控制也是大学生意志优良品质的表现。要增强自我监督和控制，大学生必须不断提高认识水平和提高个人修养的水平。

掌握和了解大学生的生理发展的基本规律，可以更加自觉地按照规律进行教学。但在具体实施教学时，还必须掌握大学生身体素质、认知能力、意识倾向、气质与性格的发展特点等身心发展的个别差异，这样有利于更好地因材施教。

第三节 新时期高校体育专业学生的培养

一、高校体育专业学生概述

（一）高校体育专业学生的身心特征

1. 高校体育学生的身体发展特征

高校体育学生的年龄一般在18~26岁，大多数处在青春期后期的青年期阶段，这个时期是人在生理上完全由发育期转向成熟期的关键阶段。在此阶段，人的体形、姿态、体能、机能、心理、性格和价值观基本趋于定型。

（1）身体形态

高校体育学生身体形态发育明显减慢，身体形态发育有明显的性别差异。绝大多数的大学生由于生长激素的抑制作用，这时身体生长发育的速度明显减慢，身高、体重和各器官的生长发育已相对稳定，身体各部分的比例、体格、体型和身体姿势等近似成人。由于身体发育基本成熟，男女在体型发育上出现了明显差异。男子表现为上体宽粗，骨盆窄，下肢细，喉结突出，声带加宽，发音低沉，肩增宽，胸呈前后扁平；女子则表现为上体窄细，骨盆宽，下肢较短，粗乳房突出，声带变长，嗓音尖细，臀部增大，肢体柔软而丰满。

(2) 生理机能

①神经系统

高校体育学生大脑发育逐渐成熟，神经过程的灵活性提高，神经系统的机能能力已达成人水平。第二信号系统（指抽象的刺激信号，如语言、文字）发展迅速，它与第一信号系统（指具体的刺激信号，如声、光、电等）更加完善，分析与综合能力显著提高。

另外，由于神经过程的灵活性高，神经细胞物质代谢机能旺盛，易出现疲劳，但恢复较快。脑细胞内部的结构和机能的复杂化过程迅速发展，致使大脑皮层的发育状况在一定程度上呈现出一种飞跃的状态，这为发展思维创造了良好的物质基础。

在对高校学生进行培养时，应该将学生生理发展成熟的程度作为依据，从两个方面进行：第一，要求他们学习复杂、深奥的理论知识，承担较重的学习任务；第二，在学习时间上必须劳逸结合，以免负担过重，影响其神经系统以及整个身体的健康。

②心血管系统

心血管系统是人体发育最晚完成的系统，由心脏和血管组成，担负着人体新陈代谢的运输任务。心血管系统的健康是人体健康的重要标志之一。

大学生年龄阶段以前，心脏重量及容量比成人要小，心肌纤维短而细，弹力纤维分布较少，收缩力较弱，每搏输出量和每分输出量也较成人少。而到大学生年龄阶段后，心脏在形态结构和功能作用上均已达到成人水平。心脏质量为 300~400 克，心脏容积达到 240~250 毫升，心跳频率每分钟 65~75 次。在这一时期能够承受较大的运动负荷。

③运动系统

骨骼发育一般在 25 岁左右完成。随着年龄的增长，骨骼内质地较柔软的有机物和水分逐渐减少，较坚硬的无机物逐渐增加，骨密质增多，骨骼变粗变硬，能承受较大压力。到大学高年级时，骨化基本完成，身高不再增加；肌肉发育在 30 岁左右完成。随着年龄的增长，肌肉中水分明显减少，有机物增多，肌纤维增粗，横向发展较快，肌肉重量不断增加，肌力增强；关节良好的柔韧性是运动时必不可少的运动条件之一。高校学生的关节由于软骨较厚，关节囊韧带伸展性大，关节周围的肌肉细长，所以关节活动范围大，但牢固性较差，在外力的作用下易脱位。因此，要提高关节的柔韧性，就必须重视球类健身运动中发展关节的坚固性的训练。

④呼吸系统

大学生肺脏的横径和纵径都继续增加，肺泡体积也随之增加，男生尤为显著。由于呼吸肌增强，频率减慢，深度加大，肺活量增大，呼吸系统发育日臻完善。据有关方面统计，我国高校男生的肺活量一般为 3 800~4 400 毫升，高校女生一般为 2 700~3 100 毫升，但近来来,这两个数字都有不同程度的下降。因此,在各个时期都应当加强体育教学课的比重。

(3) 生殖系统

青春发育期生理变化的重要特点主要体现在性激素分别增多,性机能迅速发育。性激素的作用主要体现在以下几个方面:第一,促进第一性征生殖器官的发育成熟和第二性征的出现;第二,促使骨骼的生长发育和骨骼的闭合;第三,促进肌肉的生长结实而丰满,并提高大脑的兴奋性水平;第四,促进智力的发展。

我国男女青春发育期平均年龄在12、13岁至16、17岁。但要达到完全成熟的水平,还得经过一些时间。大学生已经历过青春发育期,一般女子在18岁,男子在20岁生殖系统的发育达到成熟,性激素及其他内分泌激素的分泌旺盛,个体受神经体液的调节。

对高校学生进行培养时,应该注意以下几个方面:第一,加强生理卫生的指导以及正确对待婚姻恋爱的教育;第二,引导大学生把注意力集中于学业上。

2. 在高校体育教学中学生心理发展特征

在高校体育教学中,学生心理发展特征主要表现以下几个方面。

(1) 自我感显著提高

自我认识和评价水平显著提高。表现在自我认识的自觉性和主动性较强,能根据周围的人对自己的各种态度来评价认识自己,也能将自己与别人进行对比来评价自己,自我评价的客观性有所提高。增加的自我控制愿望,水平明显提高,有了明显的自觉性和主动性,并逐渐以社会标准、社会期望、社会条件为转移。突出的自尊心。表现为对真诚赞扬的尊重,批评常使自己感到内疚和羞愧,嘲笑更是让他们难以忍受。独立意向十分强烈。要求自主和独立,要求摆脱对成人的依赖,当这种意向因某些原因受阻时,他们会产生不满、对立情绪或反抗行为。强烈的自信心。具体表现为在接受新鲜事物时表现出的自信满满、不甘落后,相信自己一定能成功的心态。

(2) 认知能力达到高峰

认知活动是人最基本的心理活动,它包括观察、记忆、思维等。人们进行各种认知活动时所表现出的能力,统称为认知能力,即智力。大学生的认知能力已发展到最佳水平。具体表现在观察力显著提高,记忆力处于最佳时期,抽象思维、逻辑思维逐渐占主导。

(3) 个人情感日益丰富

情绪是人对客观事物的一种态度体验,是个体与环境意义事件之间关系的一种反映。大学生正处于风华正茂的阶段,个人情感日益丰富。他们不再像中小学生那样天真、淳朴、直露,而是随着年龄的增高,情绪波动性逐渐减弱,但遇事也容易情绪化,情感也日渐丰富、复杂，突出表现为对事物的爱憎感。所以，要学会提高个人修养与内涵，多读书，培养写日记的习惯，积极参与运动，这些都会使情绪获得适当的发泄机会，有利于情绪的控制与调节。

(4) 意志品质尚不稳定

意志品质是指一个人的果断性、坚韧性、自制力以及勇敢顽强的精神。大学生的意志品质明显增强，具体表现为能主动、自觉地克服困难，在行动中清晰地意识到自己行动的目的性和社会意义。在多方面压力因素影响下，大学生的独立倾向明显，自觉性增强，并能在行动中清晰的意识到自己行动的目的性和社会意义。但是，大学生意志品质的发展仍然有不稳定的表现。不少学生常表现出优柔寡断，举棋不定，分不清主次、草率、武断。有的学生还常表现出困惑，经不起挫折和心理波动的考验。

(5) 性格基本形成

性格是一个人对现实的稳定态度和习惯性的行为方式。由于大学时期个性倾向日趋形成，自我意识不断发展，它突出体现大学生个性的本质以及人生观、价值观的基本确立，其中性格的稳定也是心理健康的重要标志之一。高校学生在意志、理智、情绪等特征方面也逐渐朝着稳定方向发展。但是大学生的性格发展尚不成熟，还必须进行性格的自我教育和自我培养，为成才创造良好的主观条件。

(二) 高校体育教学中学生的主体性

1. 体育教学中学生主体性的体现

学生的主体性，是指在体育教学活动中，作为学习主体的学生在教师的教授、指导和引导下所表现出的积极态度和有独立性的、有创造性的学习行为。学生学习的主体性是通过学生自身的主观能动性而获得的。在高校体育教学中，学生主体性地位的表现，主要在学习内容的选择性和学习的主动性两个方面。

(1) 学习内容的选择性

在体育学习的过程中，学生的选择性主要表现在对学习内容的选择和对学习方式的选择上。在传统的学校教学中，一味遵循着老师讲、学生听的教学模式，教师成为课堂的权威，甚至学生的一些奇特的想法也被看作是扰乱课堂秩序。而现代教学则认为，只有学生能够在课堂中充分发挥思维和想象，或者选择自己感兴趣的内容学习更能起到教学效果。这在体育教学中也非常适用，为了使学生在其感兴趣的领域内得到更好的学习和深入的发展，教育部门开始了一些提倡学生主动参与教学内容选择的方法，例如有些条件较好、硬件资源充沛的学校开始尝试选择性体育课程，即在体育课中设立足球、篮球、田径、乒乓球等课程供学生选择，学生根据自己的喜好自主选择想学习的课程参加。这也是借助学生"我要学"的兴趣动机来调动他们积极性的措施。因此，让学生在教学目标的框架内参与一部分教学内容选择，这是学生主体性发挥的需要和必然。

(2) 学习的自主性

在高校体育学习过程中，学生的自主性主要包括以下几个方面的内容：第一，对自己学习的方略有着独立自主的意识，这主要体现在思想意识的层面；第二，对体育学习活动有着一定自我支配、自我调节和控制的可能性，这主要体现在个性化学习方式和个性化学习行为方面；第三，在学习中充分发挥自身的潜力，学生在学习中有着各种潜力存在，如想象力、变化能力和创新能力等，这主要体现在学生的探究性学习活动中。

2. 体育教学中学生主体性的发挥

对于体育教学中学生主体性的发挥一般体现在两个方面，具体内容如下：

①在高校体育教学中，教师想要达到的教学目标应该和学生学习的目标一致。即教师要清楚地知道为什么而教，想让学生通过课堂的教学学会哪些知识或运动技能。但是仅仅这样是很不够的，体育教师还要将教授的目标转化成学生学习的目标，即"我要懂得什么""我想学会些什么""我想体验到什么""我想形成些什么"等。只有这样，教师才有了"将学生导向教学目标"的可能性。教师在教学前的重要工作就是"站在学生的立场上看待目标"。

②随着现代科技的飞速发展，越来越多的设备被运用到高校体育教学中，教学方法也就随之更加丰富了起来。要想发挥学生的主体性，除了让学生选择自己感兴趣的运动项目学习外，还可以让学生按照自己乐于接受的且具有独特个性的学习方法学习，以此一改我国以往的被动式学习方法，"选择"的存在，使得学生的学习方式从被动变为了主动。这就需要逐渐在高校体育教学领域中加强自主性学习和研究性学习的比重，创设一种通过学生自发地、独立地发现问题、调查、搜集、实验、处理结果信息、表达与交流等学习方式，鼓励培养学生自主探索的精神和创新意识。

二、高校体育教学中促进学生发展的措施

高校体育教学归根结底是为了促进学生的全面发展。因此，为了达到这一目的，就必须采取一些力求改进体育教学的方式，促进学生发展的措施。

(一) 贯彻科学教学思想，树立先进教学观念

为促进学生的发展，首先需要贯彻科学体育教学思想，树立先进教学观念。我国已提

出了"以人为本"和"终身体育"的体育教学思想。在"以人为本"的思想观念下，需要在教学中树立起以学生为中心的观念，从学生的需要和兴趣点入手，让他们选择教学的内容，以培养学生的综合素质作为教学目的；以"终身体育"奠定基础进行体育教学，将体育锻炼的理念融入学生的日常生活中，以这些体育思想为指导，我国的体育教学创新就会顺利进行。通过教学观念的转变，调动起学生的主动性和积极性，使学生的智力得到开发，鼓励学生进行自主学习和创新学习，激发学生的学习热情和最佳状态，达到教学的最佳效果。

（二）改革体育教学，提高现代教学效果

促进高校学生的发展，改进体育教学非常重要。首先要丰富体育教学内容，运用新的教学方法和现代化的教学手段，对我国高校的体育教学内容进行充实，这就要求在体育教学中融入一些开展广泛的、新兴的体育项目，一方面可以激发起学生学习的兴趣，提高他们学习的积极性；另一方面也可以促进这些体育项目的开展，促进全民健身和终身体育的发展。在教学方法和教学手段方面，我国传统的体育教学方法有一定的优势，起到了重要的作用，但与新的体育教学方法和教学手段相比，对体育教学的作用有限，因此，运用新的教学方法和现代化教学手段是体育教学发展的必然要求。新的体育教学方法和现代化教学手段能够使体育教学的内容得到生动直观的展示，有利于学生把握体育知识的准确性，并且会使体育教学课堂变得趣味丛生，使每个学生的积极性都得到调动，使体育教学的效率得到提高。

（三）提高教师综合素质，创造良好教学环境

师资队伍在体育教学中的作用是极为重要的，他们不仅为学生传授知识，解答疑问，在很大程度上，他们还是学生的榜样。体育是一项集技术、意识、毅力、品德于一身的项目，体育教师往往能够给学生带来更多阳光向上的气质，这些都对学生起着潜移默化的引导和示范作用，因此教师队伍的质量关系到学生的成长和体育教学的发展。加强师资队伍的建设，要求培养体育师资的体育院校和专业严格要求，认真考察，切实提高师资队伍的综合素质，为高校师资队伍提供优秀的资源，壮大体育教学的师资力量。对于目前的高校体育教师来说，要严格要求自己，多加学习，抓住进修和深造的机会，提高自己，同时要多向有经验的老师进行学习，借鉴他们的经验，还要做到与时俱进，努力掌握现代化的教学方法和教学手段，提高自身的教学技能。高校也要采取措施，为教师的深造和培训提供途径和条件，同时要加强对体育教学的重视，调动体育教学师资的积极性。对于体育教学

环境来说，影响着体育教学质量的高低和学生学习的效率，高校领导要加大对学校体育的投入，完善体育教学设施，创造良好的体育教学环境，为体育教学的顺利进行和学生的健康发展提供条件。

三、高校体育教学中学生的管理

（一）教学组织形式

我国各级学校传统的教学组织形式是以自然班级为单位进行的。随着教育的与时俱进以及吸收了国外的教学经验，我国的教学组织形式又增加了一种以小组为单位的教学形式。但无论采用哪种形式，其目的都是便于体育课堂上对学生的管理和教学。

班级教学与小组教学这两种组织形式的共同点都是要以集体或团队教学为基本形式，在此基础上再向多样化和个别化发展。具体来说，从理论与实践上进一步完善班级教学，同时也施行分组教学，以弥补班级教学制的不足，加强个别化教学。

1. 班级教学

班级教学还可以被称为班级授课制，"班"在学校教育中就是学生入学后根据一定条件和比例随机分配形成的学习组织，它是当今体育课堂教学的最为基本的一种形式。它也可以是对班级进行改造后形成的集体或团队。一般情况下组成的班级中的成员相对固定，如果没有特殊要求或者其他情况，学生调动同校转班的情况并不多见。这种班级人员的稳定有助于教学的顺利开展。

班级教学的优点主要体现在以下几个方面：第一，现代学校中的班级中的人数一般在30~40人，这些学生由一名体育教师教学，能够体现出教学的高效性；第二，学生能用较快的速度来掌握体育知识和技能，从而完成统一的教学计划，体现出教学的实效性；第三，能较好地发挥教师的主导作用；第四，便于体育教师对课堂教学进行管理。

班级教学的优点很多，因此它会成为我国各级学校的基础教学形式。但是班级教学也有缺点，它的不足主要表现在以下几个方面：第一，难以照顾学生的个别差异；第二，学习者之间缺乏明显的联系；第三，不利于学生探索精神、创造能力和实际操作能力的培养。

2. 分组教学

分组教学是把一个自然班级根据不同条件和要求分成若干个小组进行教学。这种教学形式保留了班级教学的长处，不仅如此，它还能适当解决对于学生不同特点的教学针对性问题，即教师可以根据各个小组的不同特点进行不同的指导。这种分组的条件可以是兴趣爱好、身体素质、对运动技术掌握的水平，还可以是以学号、性别比例来作为依据进行。教师应在教学开始前为每个小组指定一名组长，组长通常是教师认为的这个组中对于课堂内容掌握较好的学生，他们适当起着小组"导师"的作用。

（二）课堂控制

课堂环境对体育教学效果有着巨大的影响作用。体育教学大多数时间都是在户外进行，这对课堂环境的把控提出了更高的要求，良好的课堂环境需要有一系列的纪律常规做保障，而教师则就是把控课堂秩序的主导人和监督人。

为保证体育课堂教学顺利进行，体育教师必须认真掌控学生对于课程内容的接收情况，并监控课堂教学活动的效果，以及随时将课程上已经达成的目标与预先设定的教学目标相对比。一旦出现完成目标与预设目标滞后或偏差的情况，为使课堂教学活动回到正确的轨道上来，体育教师应及时采取一些措施加快教学进程或是纠正偏差。对课堂进行管理控制的过程主要包括引导控制学生的思维集中到课程上、确定课堂教学目标、衡量实际达成目标情况、分析偏差产生的原因、采取纠偏措施等。

（三）对学生课堂违纪和突发事件的预防与控制

作为教学活动主体之一的学生的个性多样，所以在任何时候的体育教学课堂中都有可能出现一些违规违纪的现象。除此之外，由于体育教学的教学场地和所需器材等方面的原因，课堂上关于教学安全的问题也偶有发生，这都是不可避免的。然而对待这类问题，能否处理得当，也是显示一名教师对课堂管理水平高低的标准之一。

对于学生在课堂出现违纪行为的预防，是在违纪行为发生之前。在此之前教师就应该凭借经验采取措施，先于事情发生就做出预防性的管理，避免或减少违纪行为发生的可能性。它主要取决于明确的课堂常规和行为标准、促成学生的成功经验、保持良好的课堂环境、建立和谐的师生关系等。

偶发事件是指在教学过程中由学生或第三方人为、非人为等因素造成的在教师预料之外的偶发性事件。例如，学生在折返跑训练中由于动作幅度过大而导致脚踝关节的扭伤等。尽管体育教师根据经验通常会对课堂教学组织与管理做出周密、严谨的准备，对各种可能出现的问题事先做出过预案，但是，这些情况在课堂上的发生还是不能完全避免的，教学中一旦出现学生违纪现象或有偶发事件发生，教师首先要保持冷静的心态，并做出迅速反应、及时控制、果断处理。

第三章 高校体育教学理念与创新

第一节 "以人为本"教学理念

一、"以人为本"教学理念概述

(一)"以人为本"的基本内涵

"以人为本"思想在古今中外均有所提及,只是一直到近现代才发展成为一个系统的思想,在教育教学领域成为一个固定的名词。

1. 我国古代"以人为本"思想

在我国古代有着最早的学校和体育教育,一些思想家所提出的教学思想与现代"以人为本"教学理念有着相通的思想内涵,只是,当时各种教育教学思想并没有形成一个系统化的理论体系。

早在商周时期,先人就提出了"民本"思想,指出人民国家的基础,这是我国古代教育家和思想家重视"人"的重要体现。

春秋时期,倡导"仁者爱人""以民为国家之本"等思想,都与"以人为本"教学理念有着密切联系,只是,当时的对人的关注更多的是政治意义的体现,在教育方面并没有系统地显现出来。

2. 西方早期"以人为本"思想

在西方国家,思想家开始关注人本身的发展,与现代"以人为本"的思想具有相似的思想内涵的人本思想最早在古希腊时期就已经出现,正式形成是在意大利文艺复兴时期。

古希腊时期,"以人为本"的思绪雏形就已经出现,这一时期,人民崇尚体育活动,重视人的身体健康发展,关注人本身。

在文艺复兴时期,"尊重人、关注人"的思想得到了广泛推广,神学思想对人的身体和欲望的压制的思想受到了质疑，人们重新开始关注自我的健康发展。

近代以来，随着我国与西方国家接触的不断增多，现代"人本主义"思想传入我国，并在社会各个领域产生了广泛影响。

3. 现代"以人为本"思想内涵解析

在我国体育教育教学领域，"以人为本"教学理念指出，教育应落实到"育人"和"促进人发展"上面，这对我国传统体育过度重视竞技体育成绩取得、用体能训练和技能训练代替体育教学、体育教学重视竞技体育人才培养和为竞技体育运动发展服务等错误的教学思想进行了否定。

新时期的体育教育坚持"以人为本"教学理念，教育的出发点、中心以及最终归宿都是"人"，教育的目的是"人的发展"，教育是以人为基础和根本的。"以人为本"的发展观要求在教育过程中将人的自由、幸福、和谐全面发展以及终极价值实现重视起来，要求体育教育突破机器的教育模式，真正转变为人的教育。教育是人的自我实现、自我理解以及自我确认的过程。而不是用金钱标准衡量现代人的自我价值和自我尊严。

新时期，将"以人为本"的基本发展理念融入体育教育，是人类社会协调和可持续发展的基本要求和重要内容。21世纪的竞争根本是"人才"之间的竞争，而人才的培养是依靠教育来实现的，新时期，各级学校贯彻落实科学发展观，坚持"以人为本"，是学校体育教学发展的必然趋势与必然要求。

（二）"以人为本"的理论基础

"以人为本"教学理念的提出是在现代人本主义教育思想的基础上发展起来的。人本主义教育思想的产生，源于对现代科学发展中人对科学产品的使用和在智能化时代发展过程中的人的价值的丧失的思考。

进入20世纪后，随着科学技术的快速发展，科学主义成为当代教育发展的主流。20世纪50年代的教育改革中，各种教学思想、教学观点层出不穷，其中，认知心理学和行为主义总对人性的认识分析带来困惑，教育工具化，接受教育、获取知识的兴趣的快乐体验无法得到重视，教育单纯成为人们获得更高技能与认可的一个途径。

也正是在科学技术不断发展的影响下，人类社会的生产生活方式和模式发生了很大的变化，科学改变生活，对人们启发很大，人们依赖科技，也会越来越受制于科技，因此，在教育层面，人们也越来越强调"人本主义"，旨在将人从"器物"中解放出来。现代人本主义强调，应将人类从依赖科技中解放出来，恢复人在世界中的本体地位，而非依附于科技发展。

从社会发展中人的主体地位的体现到教育领域对作为学习者、施教者的教学活动参与主体的"人"的重视,"以人为本"思想在包括教育在内的各个领域得到重视。

教育教学中的"以人为本"教学理念旨在将教学活动参与者从传统教学中的非人性化的状态中解脱出来,恢复人的教学主体地位,强调了"人"的重要性,在教学中,真正关注教师、学生的自我健康、可持续发展。

"人本主义"理论具有以下几个基本观点。

①学习者是学习的主体,应受到尊重。

②学习是丰满人性的过程,根本目的是人的"自我实现"。强调教育应促进教学参与者(尤其是学生)人格的完整,促进人的认知与情感的丰富、提高。

③人际关系是最有效的学习条件。

④"意义学习"是最有效的学习。

(三)"以人为本"的教学解析

关于"以人为本"教学理念的含义,中外教学者有不少研究,并指出了自己的看法,我国代表性学者、观点有如下几种。

①"以人为本"教学理念的核心是教育要提升人的主体地位,"以人为本",实际上就是"以学生为本",教育应重视学生在教学中的主体地位。

②教育的"以人为本",要求教师应尊重、理解、关心和信任学生,发现每一个学生的不同之处和过人之处,关注学生的个性化发展。

③"以人为本"教学理念,"人"是指学生,也指教师,教学应把学生和教师作为教育的主体。"以人为本"包括"以学生为本"和"以教师为本"两个方面内容。

④"以人为本"教学理念是一种尊重和关怀他人为核心的教学理念,倡导以人为主体,以教育为主体。

综上所述,在"以人为本"教学理念中,广义的"人"是指学生,教师和教育管理者,狭义的"人"是指学生,教育是"培养人"的一种活动,"以人为本"中的"人"的最大内涵是"学生",教育应以学生的身心健康、全面发展为"本"。

(四)"以人为本"的教学观点

"以人为本"肯定了人在教育中的重要作用,在教育教学实践的广泛应用过程中,体育教育工作者和许多学者逐渐总结概括出了以下几个观点。

1. 教育的目的是促进师生自我实现

首先，在体育教学中，学生的自我实现是要促进学生的身体、心理、智能、社会性等全方面的自我发展，让每一个学生都能通过体育教学有所进步，体育具有多元教育价值，通过体育教学能促进学生的各种素质综合发展。在"以人为本"的基础性理论人本理论的支持下，体育教育强调了在体育教学中不仅要重视健康知识和运动技能的学习，还要通过科学的体育教学环境创设和教学过程安排来促进学生的心理、情感、智慧、社会性发展，使学生情感和智力有机结合。教育学家罗杰斯认为，体育教育的一个重要教学任务就是在体育教学中促进学生的认知与情感的共同进步与发展，通过体育教学，发掘和发挥每一个学生的学习潜能，培养学生在各个方面的创造性，最终所培养出来的学生应具有创新、创造意识与能力，这样的人才是社会真正所需要的人才。

其次，在体育教学中，教师的自我实现最基本的就是能创造性地完成体育教学任务，在教学中实现作为教师的这一角色的价值，通过体育教学培养出适合社会发展的合格人才，促进学生的发展与进步。同时，在体育教学中，通过对体育教学的科学设计与各种丰富多彩的体育教学活动的开展和教学媒体媒介的应用来提高自己的教学能力、组织能力、社交能力、科研能力、创造力等，促进自我综合教学能力和体育素养的不断提高，实现自我职业生涯的不断发展，并能在日常工作和生活中身体力行地从事体育健身锻炼，不断提高自身的身体健康水平，并能对学生和周围的人形成一种潜移默化的影响。

2. 课程安排应尊重学生的自由发展

在人本教育理念产生之前，传统的教育侧重于社会价值和工具价值，人本位的思想和观念使得人们认识到了传统工具化教育是对其本质属性的违背，必须认识到，人是教育的出发点，人本教育将教育的重点落实到人身上，关注人的健康成长。在人本教育基础上我国所提出的素质教育也正是关注人的以学生为本的一种教育，我国国务院曾指出，素质教育的实施方针是"坚持实现自身价值与服务祖国人民的统一"，学生是教育活动的主体，素质教育背景下的教育应关注学生的个性发展，独立人格发展，在体育教学中，教学应关注学生群体与个体的统一性、个性化发展，通过体育教学，调动每一个学生的积极性，促进每一个学生的自我进步。

体育教学所面对的教学对象是人，每一个人都与其他人存在个体差异，教育不是为了"批量生产人才"，而是旨在促进每一个人健康全面发展的基础上的个性化发展，因此，体育教学应在统一要求的基础上做到因材施教，教师必须要尽可能实现多种多样、侧重点不同的教学课程设计，使每一名学生都能在体育教学中有所进步与成长，通过科学体育教学活动组织与引导学生正确、充分参与，培养个性化的人才。

3. 教学方法选用应重视学生情感体验

人本主义教学理论强调"以人为本"，主张教学以学生为中心，实现个性化发展，而学生的这种发展都是从学习经验中体悟和实现的，因此，这就要求体育教学中应重视科学化体育教学方法的选择，激发学生的体育学习兴趣，为学生创造良好的学习体验。

在"弘扬人的个性，强调以人为中心，尊重人的情感体验"的现代体育教学中，体育教师应全面了解学生、充分尊重学生、真正理解和信任学生，在此基础上，教师与学生之间的"高高在上""师命不可违"的关系才能彻底改变，才有助于教师与学生构建和谐的师生关系。而良好的师生关系的建立对于体育教学活动的顺利开展具有非常重要的意义。可以说，学生对体育学习的态度，个人爱好、获得学分是重要动机，来自教师的个人魅力因素也具有重要影响。此外，师生和谐关系的建立也有助于教学活动中师生能够更好地配合，从而提高体育教学的质量。

二、"以人为本"教学理念的高校体育教学指导

（一）重新定位体育教育价值

传统体育教学在对"育人"的认识上存在不少误区。长期以来，人们总是在理解体育科学化的基础上，常常采用生物学的观点来对学校体育的价值做出判断，并且过多地关注学校体育"增强体质"的功能。此外，在对体育运动的本质理解上，一些教师存在一定的偏差，以足球运动教学为例，我国体育教材普遍将体育运动确定为"是以脚支配球为主，两个队在同一场地内进行攻守的体育运动项目"，针对此概念，有教师认为，"球"是活动争夺的目标，自然应该处于主体地位，因此也就忽视了"球"要受制于人，"人"才是整个体育活动中的活动主体。

在全球化的发展背景下，各种思想文化处在不断的发展和融合之中，教育思想也呈现出这一发展趋势，人本理论和"以人为本"教育理念的提出，体现了当代社会对人的发展的重视，在体育教育教学领域，当前的学校体育更加强调人性的回归，学校体育的根本出发点和落脚点应是"育人"。

现代高校体育教学中，"以人为本"教学理念是负荷当前时代的发展要求的，当前社会，人的发展在社会的各个领域受到了重视，即使是在智能时代，很多机器生产代替了人工生产，但是发明机器、操控机器的还是人，人在人类社会的发展中是起到关键作用的，任何时候都不能忽视人的作用。

人本主义教学理念与思想指导下的体育教学，就是要求教育者在体育教学活动开展过程中关注作为教学对象的学生这一因素，教师的教学活动开展需要学生的参与、配合，如果没有学生的参与，那么教学活动就没有开展的意义了。

必须提出的是，教师也是教学活动中非常重要的参与一方，也是应该受到关注的人这一要素。体育教师在教学活动中所发挥的作用也不容忽视。

现阶段，我国的体育教学思想呈现出多元化的发展趋势，诸多教学思想都围绕"人"的教育展开论述，讨论了体育教学中如何更好地促进和实现"人"的发展。

（二）体育教学目标的重构

在我国，传统的学校体育教学目标为增强学生体质、掌握"三基"和德育，体育教学过于功利化，过于追求竞技成绩和金牌数量，这些都严重忽视了学生的健康发展，不利于学生的健康可持续发展的同时也不利于整个教学的可持续发展。

随着体育教学的不断发展，新的科学化的教学理论、教学理念给了体育教育工作者更多的教育启发与指导，体育教学的育人作用被不断丰富和发展，多元化的学校体育价值体系对体育教学目标重构提出了要求。

新时期，"以人为本"教育理念在学校不同学科的教学中广泛应用并渗透，也有越来越多的学者认识到传统的体育教育体制不再适合当前的体育教育教学，不能单纯地追求学生的外在技能水平，而应该重视学生的全面、健康、可持续发展。新时期的体育教学的重点转移到"以人为主"上，在体育教学中，教师必须认识到，人是运动的参与者、是运动的主体，体育运动的教学和训练也必须以促进人的全面发展为根本目标。

（三）学生教学主体观的建立

现阶段，"以人为本"教学理念成为我国体育教学的重要教学理念，我国的体育教学实践活动开展过程中，越来越多的教师开始关注学生，从学生的特点、条件、基础和学习需要出发来选择教学内容、选择教学方法、选择教学组织形式与教学模式。高校体育更多以选修课形式设置，不同教师之间也正是通过个人教学能力和对学生的"因材施教"和关心关爱学生、研究学生获得学生喜欢，以此来促进更多的学生选修自己的体育课程。

总之，学生是教学的主体，没有学生，教学也就不复存在。

（四）体育课程内容的优选

传统体育教学对学生的全面健康发展关注不够，体育教学课程内容主要是竞技体育运动技能，体育教学课通常被体能训练课、技能训练课代替，新时期的"以人为本"教学理念重视学生的全面、健康、个性化发展，在体育教学内容选择上也更加科学。

在"以人为本"教学理念指导下，我国的体育教学有了很大的进步与发展，为了进一步促进我国体育教学的改革，教育部门先后修订各级学校体育教学大纲，强调在体育教学中要不断丰富体育教学内容，通过多样化教学内容旨在促进学生的身心健康与全面发展。高校体育教学中，教学活动开展也建立在落实"健康第一"的教学理念的基础上进行，通过丰富的体育教学内容来吸引学生参与体育锻炼，通过体育教学促进学生身心健康发展，而非传统体育教学中只关注竞技能力提高，有时为达到这"竞技力提高的目的"甚至安排不合理教学内容，超负荷地揠苗助长，可能对学生身心健康造成损害，这种行为是"健康第一"教学理念坚决禁止的。

此外，在丰富高校体育教学内容的同时，"以人为本"教学理念还强调体育教学内容与不同大学生的发展需求的相适应，在体育教学内容优选中应注意以下几点要求。

①突出体育教学内容的趣味性，在课程改革过程中，激发学生学习的兴趣。

②强调体育教学内容的健身性，过度强调竞技技术提高的体育教学内容予以摒弃或改编，使之能更好地为促进高校大学生的身体健康服务。

③重视体育教学内容的适用性，体育教学内容的教学实施应有利于学生的当前身体健康发展，并能为高校大学生的终身体育意识和体育能力的培养奠定基础。

④关注体育教学内容的创新性，高校体育教学内容还应适应现代化社会发展潮流，应具有启发性、创新性，促进高校大学生的创新意识和能力培养。

第二节 "健康第一"教学理念

一、"健康第一"教学理念概述

(一)"健康第一"的提出背景

在我国，"健康第一"教学理念的提出最早可以追溯到20世纪50年代，当时提出教育应重视学生身体健康发展，旨在改变当时学生负担太重、健康水平日益下降的现状，各校要注意健康第一、学习第二。

中华人民共和国成立后，我国各方面的恢复与发展都逐渐走向正规，由于缺乏经验，各项事业的发展过程中都或多或少地走了一些弯路。在高校体育教学的发展过程中，我国先后开展了体育教育领域改革的思考与讨论，提出了许多创新教学理念、思想、形式，如国民素质教育、国民体质教育、青少年儿童健康教育，这些教育问题都在当时得到了不同程度的热议，随后不久，我国在体育教育领域就确定了"健康第一"的体育教育教学理念，否定了之前的"以劳动代替体育教育""追求金牌数量"的体育教育。

改革开放以后，西方先进体育教学理论与思想传入，我国"健康第一"教学理念更加受到肯定。

随着我国体育教育研究不断加深，20世纪90年代，"健康第一"教学理念的内涵得到了进一步的丰富，这一时期的"健康第一"主要是对"素质教育"的诉求，它与"以学生为本"的教学理念有机结合，旨在培养高素质全面发展人才，实现学生个人发展需要与社会发展需要的有机统一。

21世纪以来，关注人的健康教育成为新时期高校体育教育的教育重点，我国更加重视学生在体育教学中的健康全面发展。21世纪初，教育部与体育总局在共同发表《关于进一步加强学校体育工作，切实提高学生健康素质的意见》；中央颁布《关于开展全国亿万学生阳光体育运动的决定》。

目前，"健康第一"是现阶段体育教学的一个重要教学理念，我国学校体育的指导思想是"健身育人"，"健身"与"育人"的结合，体育运动教学应将促进学生的身体健康发展放在首位，突显了体育教育本质。

高校体育作为体育教育的一个重要教育构成，在促进我国学生体育健康教育方面、加强健康中国建设方面发挥着重要的作用。"健康第一"教育理念在高校体育教学中发挥着重要的影响作用。

（二）"健康第一"的理论依据

从世界范围来看，"健康第一"教学理念的提出是符合世界教育发展趋势和社会对人才的发展要求的。

1. 世界范围内对人类健康发展的重视

在人类社会的发展历程中，健康始终是一个备受关注的课题。人类健康是推动人类社会发展的一个必要条件。

世界范围内各国开始普遍性地关注社会健康、大众健康是在20世纪50年代，各国社会经济逐渐恢复，各个方面的发展促进了各个国家和地区对本国家和地区的人们健康的重视，大众健康逐渐走入公众视野，同时教育领域关注学生健康也成为国际体育教育的发展潮流。

20世纪40年代末，公众健康问题在世界范围内广受重视，世界卫生组织提出现代健康新理念，为适应世界发展趋势，我国也开始关注社会大众健康教育、学校体育教育，提出"健康第一"的探讨教育教学指导思想。

随着国际间的大众健康交流日益增多，各国和地区都非常重视本国和地区的大众健康发展，整个社会已对体育的功能、价值等方面形成了全新的认识，在教育领域，重视学生的健康发展，成为各个国家和地区重视本国体育事业和教育事业发展的一个重中之重，体育健康教育对增强青少年体质健康水平和通过青少年群体影响周围群众健康、实现青少年进入社会成为社会体育人口间接增进社会大众健康具有重要而深远的影响。

2. 社会发展对人才健康发展的客观要求

随着科技的不断进步、经济的迅速发展、社会生活节奏日益加快，人类的体力劳动越来越少了，长时间伏案工作所造成的"运动不足""肌肉饥饿"严重影响了人们的身体健康。基于社会压力所产生的各种心理疾病严重影响了人们的心理健康；社会功利化发展，过多的利益争夺对人们的社会性发展也产生了不良影响。诸多健康问题困扰着个人的发展和整个社会的健康发展。

20世纪90年代开始，疾病死亡原因发生了本质的变化，生活方式发生率急剧转变成为疾病死亡高发的重要诱因。健康问题成为一个社会发展问题，人们充分认识到健康的重要性，在教育领域，学生的健康问题同样引起关注。

进入21世纪以后，"全民健身"和"青少年体质健康"问题更大范围地走进我国国民的生活视野，大众体育健身参与、体育健康教育成为我国阻挡"现代文明病""办公室疾病""肌肉饥饿与运动不足病"的重要良方和强大武器。

在当前和未来社会的发展过程中，健康问题将始终是影响个人和社会发展的一个首要问题，社会的快速发展与激烈竞争要求现代人才不仅要有正确的政治思想，具备扎实的科学知识和能力，还必须具备强健的体魄，"身体健康是其他一切健康的基础"，"身体是革命的本钱"，身体健康是个体生活、学习、工作的基础，如果没有一个健康的身体，则很难在社会劳动力竞争中占据优势，社会竞争对劳动力的基本要求就是身体健康。要想在这个竞争中立于不败之地，必须首先拥有一个健康的体魄。

教育的最终目的是促进个人的健康发展、培养符合社会发展的合格人才，对学生群体的身体健康教育是体育健康教育的重中之重。

(三)"健康第一"的教育特点

"健康第一"教育理念内涵丰富，其在体育教学实践中表现出以下特点。

1. 强调身体健康是健康的基础

"健康第一",其中所提到的"健康"是全面的健康,是包括身体健康、心理健康、社会健康、生殖健康等在内的多维健康,健康的基础是身体健康。健康的体魄是人类发展的基本标志。教育应首先关注健康教育。

2. 强调多元健康发展的素质教育

"健康第一"作为一个现阶段的重要的先进教育理念的提出,强调体育教育应重视学生的健康发展,指出学校教育教学的首要目标是促进学生的健康成长,学生的身心健康比"卷面分数""升学率"更为重要。

3. 强调健康教育的全面性

①学生身体健康教育,在"健康第一"指导思想指导下,高校体育教学应时刻关注学生的各方面健康的综合发展,通过体育教学,关注和促进学生的身体健康发展,也促进学生的心理和社会性的发展,以为学生奠定良好的身体基础、心理基础,并能在走出校园走进社会之后能有良好的身心健康状态和水平应对生活、工作、再教育中的各种挑战。

②学生心理健康教育。现代社会竞争日益加剧,各种社会竞争要求社会生活中的每一个成员都应具备良好的心理素质,如此才能正确地看待、应付学习、生活、升学、就业、恋爱、婚姻等过程中的各种问题。当前,就我国高校大学生群体而言,许多大学生都深受学业、就业、生活中的各种问题的困扰,都存在不同程度的心理问题。因此,教育关注学生心理健康非常必要。体育具有促进运动者健康心理形成和发展的重要作用,现代大学生压力大,也容易受不良因素影响,高校体育教育应关注大学生的心理健康发展,通过体育教学活动开展,促进大学生心理健康发展。

③学生社会性发展教育。体育是一种独特的教育形式,学校体育教育可促进学生的社会性良好发展,应该在教学中有意识地培养学生的人际关系建立、竞争与合作能力。

因此,在高校体育教学活动开展中,深入挖掘体育的教育价值,在体育教学实践中充分贯彻"健康第一"的教育理念,切实促进学生身心健康、全面发展。

二、"健康第一"教学理念的高校体育教学指导

(一)树立体育教育新观念

"健康第一"教学理念对我国体育教育的最重要的影响就是教育重点和方向的转变,新时期,贯彻"健康第一"教学理念,就必须转变体育教育观念,改变竞技化体育教育,

关注学生身心健康发展。应该把教育的重心从单纯的追求学生的外在技能水平向追求学生的全面协调发展转移。

新时期，不断强化高校体育教育教学改革，必须落实健康教育，每一个高校、每一个高校体育教育工作者，都应该形成正确的体育价值观、培养良好的意志品质，不断完善性格特征。总之，现代科学化的体育教育应该将体育教育工作理念从以往单纯的"增强体质"为主转移到"健康第一"的新型教育观、发展观。

现阶段，社会发展对人才的要求是全面化的，一名合格的社会人才应该是健康发展的人才，身体健康、心理健康、社会性健康等，缺一不可。

(二) 明确体育健康教学目标

在当前的体育教育教学实践中，"育人"是学校体育教学工作的最根本目标，技术教育和体制教育并不能完全作为学校体育实践的重心，"健康第一"的教育理念为促进我国高校体育目标多样性、多层次的建构提出了新的要求。具体如下。

①高校体育教育应重视加强学生的体育文化知识教育，提高学生体育文化素养。

②高校体育教育应充分融合健康、卫生、保健、美育等多种教育内容，通过内容全面的体育教育来培养学生健康的体育意识、健康的娱乐休闲习惯，远离可能影响个人身体健康的一切不健康因素和事件的影响。

③高校的体育教育工作的开展应紧密结合学生生长发育与生活实际开展健康教育，使学生会自我保护，预防疾病发生。

④高校体育教育应重视大学生青春期教育和心理健康教育，作为健康教育的重要内容来抓好，为学生在特殊时期的健康成长提供科学指导。

(三) 完善体育教学课程体系

深化高校体育教学课程体系改革是促进高校体育教学发展的一个重要和有效途径，新时期，要贯彻落实"健康第一"体育教学理念，就必须在体育教学课程体系建设方面做好工作，不断丰富体育教学课程体系内容，以更好地满足当前高校大学生多元化、个性化的体育健康发展需求。

在"健康第一"教育理念影响下，我国的高校体育教学课程现状发生了很大的改变，如体育课程内容的增加、教学方法的不断丰富、学校体育课内与课外活动的有机结合，体育选修课越来越考虑大学生的学习爱好与需要，体育课程与内容设置针对不同专业学生凸显了专业特点等。

现阶段，要继续贯穿"健康第一"教学理念，建设更加完善的体育教学课程体系，应持续做好以下工作。

①在高校体育教学中，应始终坚持以学生为主体，将学生的身心健康发展放在首位，所有教学活动的开展都应围绕促进学生的健康发展服务。

②调整体育教学内容，充分了解学生的特点和需求，对体育教学大纲所规定的教学内容进行科学选择，对与本校实际教学情况和本校学生不适合的教学内容进行调整，使体育教学内容能更好地从理论落实到教学活动实践中。

③丰富体育教学内容。通过丰富的体育教学内容吸引高校大学生的体育学习与体育参与兴趣，通过丰富的体育教学内容满足大学生的不同体育学习需求。

④重视教学内容的因地制宜，根据本地区气候、资源以及学校自身教学特点来进行特色化的体育教学课程设置，并研究推出更能反映本校学生健康发展的健康检测内容与标准。

⑤重视高校大学生课内体育教育与课外体育活动的有机结合，加强体育课对学生的教育意义和提高学生对体育课的兴趣，并使学生养成科学合理的作息习惯、健身习惯，在课余时间也能科学健身，保持健康的生活方式。

（四）重视体育教学方法优化

良好的体育教学效果的开展受到体育教学方法是否正确的影响，在高校体育教学中，有很多体育教学方法可以供教师进行选择，不同的体育教学方法有不同的特点，同一种体育教学内容的展现可通过多种教学方法来展现给学生，体育教师应该判断出哪一种教学方法是最合适的，这样可以促进教学方法应用的最优化，进而促进体育教学效果的最优化。重视体育教学方法优化，要求体育教师具有良好的体育教学能力，有科学选择各种教学方法、有效应用各种教学方法的能力。

（五）教学评价体系的完善

在"健康第一"思想的影响下，体育教学的评价应以学生的体质增强、身心健康发展为重要评价指标，完善体育教学评价体系。

"健康第一"教学理念指导下的高校体育教学评价体系的科学化构建与完善，具体要求如下。

①对学生的全面评价中，要重视对多方面的教学效果进行量化分析，并且将定性评价和定量评价相结合，提高教学评价的科学性，促进学生能更好地认识自身的不足以及获得

学习的动力。

②对学生的全面评价中，要做到评价内容的全面、评价指标的全面、评价方法的全面，尽量做到邀请不同的评价主体进行评价。

③体育教学不仅注重对学生进行全面的评价，还注重对教师教学方面的评价。

第三节 "终身体育"教学理念

一、"终身体育"教学理念概述

（一）"终身体育"的基本内涵

"终身体育"教育思想的形成是人类自身和社会发展的必然。终身体育包括两个方面的内容：第一，终身教育贯彻人的一生，从出生开始一直延续到生命的结束，在人的一生中，都应养成参加体育锻炼的习惯，体育是日常生活的重要组成部分；第二，终身体育是科学的体育教育，在人的一生中的不同阶段，都有正确的价值观念来指导和引导个体参加体育活动，并通过体育活动的参加实现身体的健康发展，终身受益。

具体可以从以下几个方面来理解终身体育。

①时间方面，贯穿于人的一生。

②内容方面，项目丰富多样，选择性强。

③人员方面，面向社会全体公民。

④教育方面，旨在提高全民体质健康水平。

学校"终身体育"教学思想的树立和形成能有效促进我国体育教学的发展，是所有运动项目的体育教学都应该树立的一个正确教学思想和观念。

要切实推动终身体育教育理念在高校的贯彻落实，教师在推动"终身体育"教育思想的落实方面具有非常重要的责任与作用，调查发现，在学生对于体育运动的参与方面，有很多学生受到教师的影响，特别是受到教师业务水平的影响，教师应在教学中和课堂外都提倡学生积极参与体育锻炼。

在体育课堂教学中，教师应关注学生终身体育意识和能力培养，不能只关注和过于重视技术、技能教学。

在体育课堂外，教师可以组织学生开展各种体育活动、体育游戏，对高校大学生体育俱乐部活动的开展，教师应鼓励，并给出指导性意见和建议。

(二)"终身体育"的思想特征

1. 体育锻炼时间的终身性

"终身体育"是一种先进的教育理念,其最为重要的一点就是它可以令个体一生受益。

从教育功能作用于个体的影响来看,"终身体育"突破了传统的学校体育目标过分强调学习和掌握运动技能的观念,打破了传统的体育教学把人接受体育教育的时间仅仅局限在在校学习期间,而是将体育教育时间大大延长,囊括了人的一生。

"终身体育"教育理念强调体育教学应符合学生生长发育、心理健康发育的客观规律,以及健身的长久性,注重培养学生对体育的爱好、兴趣,养成锻炼的习惯和能力,强调体育参与的终身参与、终身受益。

2. 体育锻炼群体的全民性

"终身体育"的体育对象指接受终身体育的所有人,每一个社会成员都应该积极参与,"终身体育"是面向全体社会成员的,从学生在学校体育教学中逐渐培养起体育锻炼意识到走出校门走进社会之后能持续参与体育锻炼,为以后的整个人生参与体育锻炼奠定良好的基础。因此,终身体育教育的主体并不局限于在校学生,而是面向所有民众,应做到全民积极、主动参与。

从一种体育发展理念演变为一种体育教育理念,"终身体育"教育理念的教育对象是面向整个人类社会的成员的,"终身体育"教育不仅仅局限于学生,包括社会大众。

体育教育是一个需要长期坚持的系统工程,生存、健康是社会和时代发展的主流,健康是人们生存生活的重要基础,体育健身与生活是密不可分的。因此,无论个体的年龄、社会身份发生怎样的变化,都应该成为"终身体育"的教育对象。

3. 体育锻炼目的的实效性

"终身体育"以适应个人发展和社会发展为根本着眼点。因此,终身体育参与必须要做到因地制宜,因人而异,不同的人应结合自己实际选择具体锻炼内容、方式、方法等,同时应融入日常的生活、学习、工作中。

在现代社会生活中,人们为了改善自己的生活质量,根据自身条件合理选择适合自己的体育方式,做到有的放矢,具有较强的针对性和实效性。

在高校体育教育教学中,体育教学的内容选择、方法运用都应为提高学生的体育知识、体育技能服务,不断提高学生的终身体育意识和终身体育能力,如此,在大学生毕业进入社会后,也能持续参与体育健身锻炼。

(三)"终身体育"与体育教育

1. 终身体育与学校体育的相同点

(1) 共同的体育目标——育人

体育具有多元教育价值，无论是终身体育参与还是体育教育的体育活动参与，其最终目标都是实现体育运动者的体育、智育、德育、美育等多元教育价值，更好地促进运动参与者的健康全面发展。

健康的身体是其他健康的前提条件，学校体育教学就是要培养学生的终身体育意识与能力，以为其更好地实现个人价值和社会价值奠定健康基础。

(2) 共同的体育手段——健身

终身体育活动参与和体育教育都是通过体育运动健身参与来实现体育的教育价值的，最终的个体行为也都落实在体育健身活动上面，终身体育强调个体应养成终身参与体育锻炼的习惯，在人生的每一个阶段都积极参与体育健身锻炼。体育教学以学生的身体练习为主要教学手段，通过身体活动促进身心、社会性全面发展。

(3) 共同的体育任务——掌握体育知识，提高运动能力

个体的终身体育健康参与，离不开科学体育知识作指导，离不开体育健身锻炼实践活动参与，而同时，体育知识与体育技能的掌握，也是高校体育教学的重要任务，只有掌握这两个方面的内容，才能更加科学地去从事体育健身实践活动，才能通过身体力行的体育活动参与实现运动者的身心健康全面发展。

2. 终身体育与学校体育的区别

(1) 体育参与时限不同

终身体育贯穿人的一生，学校体育只负责学生在校期间的体育教育。

(2) 体育教育对象不同

终身体育以全社会所有成员为教育对象，学校体育以在校学生为教育对象。

二、"终身体育"教学理念的高校体育教学指导

(一) 转变传统体育教学思想

"终身体育"教学思想指导下的高校体育教学，应该在体育教学内容、体育教学方法、体育教学评价等各个方面都要做到以培养和提高学生的体育终身意识和能力为标准，通过与学生日常生活、学习、工作关系更密切、关联程度更大的体育项目教学，培养学生的运

动习惯，而不是仅仅关注学生的运动技能掌握情况。

高校体育教育教学过程中，教师应将体育教学达标的制定从单纯和过度关注技能指标的思想观念中解放出来，关注学生的体育价值观、体育态度、体育意识、体育行为习惯，如此才能真正有针对性地开展体育教学，才能真正实现终身体育教育。

"终身体育"教学理念是高校体育教学改革的指导思想，也是高校体育教学发展的落脚点。

（二）重视学生终身体育意识的培养

个体的体育活动参与行为的实现，必须建立在对"终身体育"教育理念有一个正确的认识的基础上，"终身体育"意识是高校大学生主动进行体育学习、体育参与的重要内部驱动力和动机。

当前社会，社会节奏快、生活压力大，每一个人都面临着各种各样的生理和心理负担，要获得高质量的生活，就必须确保身心健康发展，体育运动能有效促进运动者的身心保持良好的状态，终身体育对于学生的身心素质发展促进具有重要作用，学生走进社会之后，在社会上面临的各种压力并不比学生时代少，甚至要更多，体育健身锻炼是一种身心压力释放、身心健康状态重塑的过程，对运动者保持良好身心状态迎接生活、学习、工作挑战是非常重要的，可以有效提高个人生活质量，提高学习、工作效率。

终身体育活动参与对于个人的社会性发展是具有重要的促进作用的，大学生坚持体育健身锻炼，能有效增强身心适应能力，可以在毕业步入社会后更好地适应社会，提高自己的抗击压力的能力。

现代高校体育教学实践中，要培养学生的终身体育意识，要求教师应做好以下教育引导工作。

①引导学生树立正确体育价值观。
②端正体育学习态度。
③将素质、技能、知识、能力等教育内容渗透到终身体育教育中。
④通过体育教学丰富学生的体育知识、体育技能，提高终身体育参与能力，为终身体育锻炼奠定基础。

（三）丰富终身体育教学内容的设置

学生的个体差异性决定了学生的体育兴趣爱好不同、所适合从事的体育运动项目不同、所渴望学习的体育运动知识与技能（水平）不同，因此在高校体育教学中，不能只追求学生某一特定的运动技能和运动的熟练程度，而是重视不同学生的不同体育发展需求，尽可能地丰富体育教学内容，使体育教学内容项目、层次多样化。

"终身体育"教学理念指导下的体育教学内容丰富化教学工作要求如下。

①延伸与拓展学校体育课堂教育，使学校体育向终身体育延伸。

②不同教学内容的课程目标设置应在充分了解与分析学生现状的基础上进行，以体育课程终身体育教学目标为导向组织体育教学。

③选用体育课程内容时，应重视对休闲体育项目、时尚体育项目的引进，开展能够激发学生体育兴趣和潜能的体育活动。

(四) 关注学生需求与社会需求的统一

"终身体育"旨在为学生提供一种健康的生活态度与生活方式，对于任何人来说，身体健康都是个体适应现代社会生活、工作、发展的必要条件。

高校体育教育的终身体育教育理念的贯彻，就是要在培养符合社会发展的合格人才的基础上，促进学生的个性化发展，实现学生的社会价值与个人价值的共同发展。

高校终身体育教育对学生需求与社会需求的统一性的实现，要求应做好以下工作。

①重视国家需要、社会需要与学生个体需要的有机结合。

②明确学生需要与社会需要的彼此地位。这是正确处理学校体育发展与社会需要适配性的关键问题。

③重视体育教育的健身价值与人文价值的实现，重视体育知识、体育技能、体育习惯的共同培养。

④围绕学生开展体育教学，充分满足学生的学习和发展需求。

⑤全面提高大学生的体育素养，以符合社会发展对人才的体质、体能、知识、精神、道德要求。

"终身体育"教育有四个支柱，即"学会认知、学会做事、学会生活、学会生存"，但应充分考虑"终身体育"与"以人为本""健康第一"的有机结合。

第四节　坚持体育教学理念创新的注意事项

一、综合加强体育、卫生、美育、心理健康教育

体育教育是一种以体育为主的全面教育，在体育教学中，应加强体育、卫生、美育等教育的充分结合，加强学生的多元和多方面的体育教育，注意以下几点。

①学生参与体育活动，必须注重营养，养成讲卫生的好习惯，高校体育教育教学应将学生的多方面体育教育综合起来施教。

②高校体育教学中，应加强对学生的营养指导，让学生了解有关营养、卫生保健的知识。

③高校体育教学中，应加强对学生的美育教育。美育不仅能陶冶和提高学生的修养，而且有助于开发他们的智力。体育是健与美的有机结合，寓美育于体育之中，提高学生对体育的兴趣，增强学生的体育学习情感体验，提高学生的审美、创造美的能力。

④高校体育教学中，应加强对学生的卫生保健教育，并应紧密结合学生的生长发育与生活实际来开展健康教育，使学生会自我保护，促进自我健康成长发育。

⑤高校体育教学中，应加强对学生的心理健康教育，把学生青春期教育和心理健康教育作为健康教育的重要内容来抓。

二、综合培养学生的体育健康意识、行为、能力

健康的意识、知识、方法、技能对每一个参与体育锻炼的人来说都非常重要，开展高校体育教学活动，要真正促进学生的健康，就必须将体育教学活动与学生当前和日后的日常生活与工作密切结合起来，使体育意识演变成体育习惯，并落实成体育行为，在以后的发展过程中，都能通过体育运动参与来更好地促进生活和工作的发展，如此就将体育知识、技能、转化为学生自觉的行动基础。通过体育教学中对学生的体育健康知识、锻炼方法、运动技能等的传授，使学生能自主参与体育锻炼，并对自我体育锻炼效果进行正确评价，进而不断改进与完善体育锻炼。

具体来说，在体育教学中，学校和体育教师应做好以下几个方面的工作。

①结合学生实际选择体育教材。

②活动适量，不应矫枉过正。

③加强学生体育课外活动指导。

④组织开展多种体育比赛。

⑤展开与体育相关的各学科的教育，如运动学、心理学、营养学、保健学等。

⑥坚持以运动技术为主，注重一专多能。

⑦体育运动项目的开展要和社会体育资源相结合，不断提高学生参与体育的运动能力。

三、实现"以人为本""健康第一""终身体育"多元教学理念的相互促进

在教育教学的发展过程中，出现了许多先进的体育教学理论和教学思想，这些教学理

论和教学思想在不同的历史时期，对教育教学实践具有重要的促进和推动作用，而且在同一时期可能会有几个教学理论和教学思想同时对教育教学实践发挥着影响作用，只是一些教学理论和教学思想起着主导影响作用，另一些则起着次要的影响作用。

体育方面的教学思想有很多，各种不同的体育教学理念既优点，也有不足之处，不同的体育教学理念相互影响，不同的体育教学思想可能相互补充，也可能存在有冲突的地方，教师在体育教学活动开展中，应注重对具体的体育教学实际进行分析，在坚持"以人为本""健康第一""终身体育"三个主要教学理念的指导下，各种教学活动安排都应该充分体现出这三个教学理念中的一个或几个，如此才能切实促进学生的身心健康全面发展。各种不同体育教学理念也可相互借鉴，汲取进步内容，丰富完善自我教育理念内涵，对不足之处予以改正，或者用其他更加与体育教学实践贴近的体育教学理论和思想予以补充，例如有利于人性发展的观点值得吸取，但可能放任教学内容泛滥的应坚决摒弃；运动技术技能教学思想的落实可有效促进学生对体育运动技能的掌握，但容易过分强调技能水平而忽视学生身心发展规律，对此教师应格外重视。

在当前体育教育教学的发展过程中，"以人为本""健康第一""终身体育"都是先进的体育教学理念，对体育教学实践具有重要的指导和发展促进作用。

现代体育教育教学实践中，新的体育教学理念要求体育教学应关注学生发展、充分重视学生的体验，让学生在愉悦的体育教学氛围中能积极主动地参与体育活动、进行体育学习，同时新的体育教学理念还重视对学生终身锻炼的习惯进行培养，使学生在体育中养成积极健康的生活方式，进而促进学生的全面、长期、持续发展。新的教学理念中的"以人为本""健康第一""终身体育"是相互促进、互为补充的，通过这些体育教学理念对体育教学实践的共同的教学指导，能真正实现体育教育对学生的全面健康发展的促进。

新时期，要实现体育的多元教育功能，促进学生、教师、体育教育的科学发展，就必须综合实现"以人为本""健康第一""终身体育"的相互促进和对体育教学实践的共同启发与指导价值，以不断完善体育教学，通过体育活动最终实现人的可持续发展。

四、提高高校体育教师队伍的综合素质

在体育教学实践中，体育教师发挥着重要主导作用，体育教学理念在体育教学实践中的贯彻实施需要体育教师去执行，提高高校体育教师队伍人员的综合素质有利于更好地在体育教学中发挥先进的体育教学理念的作用。

新时期，要促进先进体育教学理念对体育教学实践的指导，提升体育教师素质，应注意做好以下工作。

①一名合格的体育教师应具备良好的体育文化素养，掌握丰富的体育文化知识、理论知识。教师要丰富自我文化素养，不仅要重视对体育学科知识与理论的学习，还要重视对体育相关学科的知识的学习，以不断丰富自我知识结构。

②重视体育教师的综合教学素质、体育素养的提高。通过培训、学术交流、体育文化活动参与等不断促进体育教师熟知信息科学，通过对多方面的科学发展规律，如生命科学、环境科学、教育科学、传播学等知识学习，掌握不同活动发展的规律，来为体育教学活动开展提供理论指导。

③加强树立终身学习意识，体育教师要落实终身体育，自己要先有足够的体育学习与参与意识，并形成体育健身习惯，教师必须为人师表，做出表率，才能为学生积极参与体育健身锻炼树立一个良好的形象与榜样。

④鼓励体育教师积极参与体育科研，体育教学实践活动的开展离不开具体理论的指导，体育教师提高科研能力，有利于更敏锐地在体育教学中发现问题、分析问题、解决问题，从而促进体育教学的不断完善。

⑤加强对体育教师的教学监控，督促教师不断完善自我、促进自我可持续发展。教师作为人，也有人的一般惰性缺点，因此有必要通过客观的教学监督指导来促进体育教师对自我工作的不断改进与完善。

五、建设良好的高校体育教学条件与环境

先进体育教学理念的实施需要学校的全方位支持，需要学校教学工作者、领导等的支持，为整个高校体育教学创造一个良好的体育教学条件、环境与氛围，提高高校的体育教学软件、硬件、文化等方面的条件与环境创设水平，为高校师生更加主动、积极、顺利地参与高校体育"教"与"学"奠定良好的基础。

第四章　高校课程体系的构建

第一节　体育课程与课程改革

一、体育课程的内涵

什么是体育课程？这是一个在体育理论上仍然没有得到准确阐明和达成共识的问题。按照课程的含义，体育课程的内涵应该包括以下几点：

①体育课程目标；

②体育课程内容；

③体育课程时限；

④体育课；

⑤课外体育活动和课余体育训练。

总之，凡是被纳入学校教学计划的、体育方面的、有目的、有计划、有组织的活动都应该包括在体育课程之中。体育课程不是一门学科的课程，而是全面教育中一个方面的综合课程。人们通常把它和其他课程，如语文、数学、物理、化学、历史、地理、音乐、美术等课程等量齐观，实际上这种看法是不正确的。学校体育课程是一种有别于上述课程的特殊课程，其特殊性表现在以下几个方面。

（一）目的、任务的特殊性

学校体育课程不像其他课程只承担某一个学科的目的和任务，而是承担着全面教育（包括德、智、体、美、劳）的一个重要方面。因此，体育的目的和任务表明，它不但是传授知识的课程，更是一种"育人"的课程。

（二）教学时空的开放性和延伸性

从当代学校的课程设置来看，无论是我国还是外国，各级学校教学计划中都有体育课程，它是各年级连续开设的、唯一的教学科目，有的还明确规定课外体育活动的时数。从空间上来说，体育课程不限于校内，还延伸到校外，例如为参加有关的运动会或比赛所做的准备。

总的来说，学校体育课程是以发展学生体能、促进学生身心健康为主的一种特殊的教育性课程，它与德育课程、智育课程、美育课程、劳动教育课程相配合，

共同促进学生身心全面发展，是整个学校教育中一个方面的综合性课程。

（三）对促进智力与非智力因素的特定作用

智力，一般是指人认识客观事物并运用知识解决实际问题的能力。智力因素包括对事物的记忆力、想象力、观察力、实践能力。非智力因素主要包括兴趣、动机、意志、自信心等。智力是认识能力的总体，它的发展首先依靠它的物质基础——大脑的发育程度。体育课程本身就包含智力教学的因素，学生在完成体育学习任务时就需要技能活动和脑力活动的有机结合。由于运动技术复杂多样，就需要有敏锐的观察力、敏捷的反应力、准确的判断力，并有吃苦耐劳和协作的精神。这种能力的塑造是提供高智能的良好条件。因此，我们应积极提倡"独立练习""自主练习"，培养学生的想象力，激发学生的思维能力。

非智力因素是依靠人的实践活动而成熟的，它对认识过程起着始动、定向、引导、维持和强化的作用。而其中，体育对人的非智力因素的培养极为重要。从长远的眼光看，培养智力和非智力因素两者全面发展的人，符合我们实现现代化对人才的需要。

1. 体育课程对兴趣的培养

体育运动可以培养孩子的直接兴趣和间接兴趣。在培养智力方面，兴趣是最好的动力。体育游戏是体育课程中的一个重要内容，是学生普遍喜爱的体育活动，它具有一定的情节和竞技因素，富有思想性、生活性、直观性和趣味性，也是体育课程的重要辅助手段。在游戏过程中，不仅能发展学生的想象力、记忆力、判断力、创造力，使其思想更活跃，而且还可使学生的各种感观（视觉、听觉、触觉、时空感、方位感、运动感和平衡感）运动器官更加敏捷发达，认识能力、接受能力以及解决问题的能力得到增强，从而更好地促进智力的发展。

2. 体育课程对意志的培养

体育课程是融知识、技能、素质、能力、道德与意志品质为一体的教育过程，它不仅需要良好的情绪和意志品质，同时也能使之得到有效的培养。学生的情绪和意志伴随着整个体育课程，关系现代人才全面培养的效果。美国的心理学家通过对智力超常儿童的追踪

发现，成就最大一组在意志品质，如自信、坚持、有恒心、百折不挠等方面明显优于成就最小一组。这一研究成果说明：健康的意志对非智力因素的发展有着巨大的推动作用。体育本身就是人为地设置一些困难和障碍，使人们在克服和战胜各种内部（生理、心理）困难和外部（环境）困难的过程中培养顽强的意志、坚韧不拔的精神和战胜困难的勇气。另外，体育竞赛具有激烈对抗和胜负不稳定的特点，这也能培养学生敢于拼搏、锲而不舍的进取精神。

3. 体育课程对动机的引导

社会上对体育运动有一种"四肢发达、头脑简单"的误解。其实，体育是融生理学、心理学和社会学为一体的综合学科。

体育课程内容具有艺术魅力，有情、理、趣等要素。施教者要体态优美、仪表端庄；讲解要形象生动、饶有风趣；示范要轻巧优美、准确娴熟；教学要新颖多样、丰富多彩，并利用爱美之心、人皆有之的心理，引导学生锻炼的兴趣和热情。对怎样培养学生的长期兴趣，培养持之以恒的精神，教师要正确教育、正确引导。例如，有些孩子在艰苦的环境中能刻苦学习，是因为有一种动力促使他们学习，他们明白学好文化知识能改变自身命运，建设国家，能找到个人在社会中的生存价值。

人体生物潜能具有强身健体、调节感情、娱乐身心的特殊功能。根据科学研究发现，男子在19岁前，女子在12~13岁前，其速度、力量、弹跳、耐久力等身体素质指标是随着年龄增长而自然增长的，19~22岁时会出现第二次高峰。人体的发育、身体素质受种族、气候、遗传、营养、体育锻炼等多种因素的影响，其中体育运动是影响人体生长、发育最积极、最经济的因素。发展体育运动、提升我国身体素质，应成为我国的一个重要战略方针。

4. 体育课程对性格的培养

性格是为人处世的综合行为，有些性格是后天形成的，有些是先天遗传的，而体育运动可以使自我意识不断发展并趋于稳定，从而实现自我完善，形成某些积极的性格特质。此外，通过体育活动的人际交往和体育实践中的磨炼，还可拓宽视野、增长才智，帮助人们树立正确的价值观、人生观。

二、体育课程改革的内涵

体育课程改革是一个对体育课程进行再设计的过程，它应当是学校（计划的主体）根据法令和教学大纲等目标（计划的目标），根据地区和学校的实际情况以及学生的身心发展特性（计划的思想），将学科教育内容（计划的内容）与学年教授课时数进行相应分配（计划的方法）的总体计划。

既然把教育课程看作一种总体计划，那么，从课程依据的确定直至课程计划的完成就是一项复杂的系统工程，它不可能单独由某一部门来完成。在制定课程的过程中，上至中央以及各级地方教育行政部门，下至具体的学校和教师均参与了这项工作。21世纪，我国课程改革的力度加大，发展迅速，地方教育行政部门、基层学校和教师研究的课程理论、研制的课程方案符合教育改革实际需要。

三、高校体育课程的资源开发与利用

高校体育课程资源的开发利用主要是为高校体育教育服务的，因此其作用主要包括促进体育课程目标达成、促进学生发展以及促进教师素质的提高。在这三大主要作用的基础上，体育课程资源的开发与利用形成了具有学科特色的开发与利用原则和内容。

（一）体育课程资源开发与利用的作用

1. 促进体育课程目标达成

体育课程资源的开发和利用有利于打破传统单一的课程观念，确立与社会化终身体育活动相适应的课程观念，促进体育新课程目标的实施。体育课程资源的开发与利用为体育课程目标的实现提供了资源保证；为体育课程知识、过程与方法、情感与态度多层面标准的实现提供了可能性；为学生探究性、开放式、合作式学习提供了支持系统；为在家庭、社区、社会范围内开发新的体育活动资源提供了途径、方法和范例；有助于唤起人们的课程资源意识，提高人们对体育的认识，发挥社会体育场所和设施的作用；有利于拓宽学校体育教育的范围，加强学校体育在教育内容层面上与社会各个系统的联系；有利于学校体育教育树立"大教育"的观念，确立学校体育教育与终身体育的关系；有利于探寻校内外体育教育结合的途径，为真正建立社会化终身体育提供必要的观念性准备。

2. 更好地促进学生的发展

体育课程资源的开发与利用将更好地促进学生的成长。体育课程资源的开发与利用不仅将极大地拓展现有的体育课程教育内容，还将直接导致体育课程方法的变革。新的体育课程资源的引入会带动体育课程手段、教学组织形式等方面的变革；体育课程资源的丰富，有利于推动现行体育课堂教学的改革，学生的主体性会极大地提高，学生的实践能力、学习兴趣、创新能力等将有全新的发展，能充分发挥学生的主观能动性；体育课程资

源的多元化也有助于引发学生探究与创造的兴趣。资源的开放性和信息的共享特征，使教师与学生之间的关系不再是传统的主客或主动与被动的关系，有助于教育中民主、平等意识和观念的确立，使教学过程演变成一种平等的、合作或协作式的互动，为学生创造性和探究性意识的培养提供条件和基础。

3. 促进体育教师素质的提高

体育课程资源的开发和利用对体育教师的教学视野、教学水平起到了极大的促进、推动，甚至是挑战的作用。体育课程资源的开发和利用在很大程度上引入了学生需要、学生实践等内容，可以最大限度地满足青少年的多方面需求，促进青少年人格、个性、身体、心理、社会适应的健康完善，这也必将使体育教师在教学中的指导性地位更加突出，从而要求体育教师必须不断进行学习。体育教师不仅要学习体育课程理念，领会新课标精神，还要能在教学工作中实践新课标；不仅要掌握运动技能，还要钻研针对运动技能采用何种教学技能；不仅要了解多种运动项目的性质特点，还要能创造性改编、创造运动方法。通过这一系列的学习和实践，体育教师的素质必然会不断提高。

(二) 体育课程资源开发与利用的原则

1. 教育性原则

教育性是所有课程最基本的原则。体育课程在全面贯彻《基础教育课程改革纲要（试行）》的学生培养目标方面，具有其他学科不可替代的作用，特别是体育课程对培养学生的集体主义观念、团结协作意识、公平竞争意识和规则意识，使其具备坚强的意志品质等方面具有独特的作用。因此，开发与利用体育课程资源，首先要突出资源的教育性，以便更好地发挥体育课程在培养全面人才方面的作用。

2. 健康性原则

新课标下，体育课程的指导思想是"健康第一"，整个课程的设计是根据身体、心理、社会适应的整体健康观来进行的，健康是课程的主线。因此，在开发与利用体育课程资源时，既要充分考虑开发与利用的课程资源对学生身体健康的作用，还要思考课程资源对学生心理健康、社会适应的作用。同时，安全问题也是开发与利用体育资源必须认真考虑的内容。

3. 兴趣性原则

体育课程的重要理念之一是"激发和保持学生的运动兴趣"。兴趣是学习的初始动机，是有效学习的保证，学生的兴趣直接影响着学生的学习行为和效果。因此，开发与利用体育课程资源要认真研究学生的年龄、生理、心理特点以及学生的爱好、特长、接受能力等,在实施过程中要体现师生合作互助,努力营造轻松愉快、和谐的课堂教学气氛,保证学生学习方法的多样化,使评价方法更利于学生体验到学习进步的快乐,促进学生学习并保持良好的学习兴趣。

4. 发展性原则

体育课程资源开发与利用的发展性原则,就是要能促进学生各种能力的发展。保证开发和利用的资源能注重对学生的体育实践能力、一般运动技能和身体活动能力、创新能力等的培养。

(三) 体育课程资源开发与利用的内容

1. 人力资源的开发和利用

开发和利用校内领导、班主任、体育教师、卫生老师、任课教师、学生、家长以及校外教练、社会体育爱好者的自身优势和体育特长,创设平台,引导他们参与学校体育活动。

2. 体育设施的开发和利用

在课题实践中,开发校内外体育设施(如球场、空地、教室、健身馆、走廊、过道等),利用体育器材的特点,发挥其多功能作用,为实现教学目标服务。

(1) 常规设施

操场、跑道、篮球架、足球门、单杠、双杠、天梯、滑梯、爬杆、领操台、乒乓球台等。

(2) 常用器材

篮球、排球、足球、乒乓球、垒球、实心球、体操垫、体操棒、跨栏架、短绳、橡皮筋、毽子、哑铃、沙包、旗帜、塑料圈等。

(3) 自制、代用器材

胶圈、胶棒、纸球、纸棒、纸制器材、饮料瓶、易拉罐、泡沫拼花地板、小木夹、彩带、双色帽、课桌凳、家庭生活用品(如小桶、小凳等)。

3. 课程内容资源的开发和利用

(1) 改造和创新传统的教学内容

在继承的基础上改造和创新教学内容,从"整体健康"观的角度出发,创造出新的适合学生生理、心理特点的教学内容、要求和方法,使之更好地发挥效能。

（2）发掘有地方特色的运动

在课题研究中，将地方特色运动分成两类：一类是前人已有的，而现在被湮没或基本失传却在实践中被发掘、整理使之重现的运动，如滚铁环、打陀螺、拍毽子等；另一类是具有民风、民俗特征的活动内容，如竹竿活动、胶圈活动等，从中筛选出具有典型的地方特色并符合学生特点的活动内容，进行教学实践研究。

（3）引进流行、时尚的课程内容

现代教育的最大优点就是它的时代性强。在体育教学中，要根据学生年龄和身心的发展特征引入流行、时尚的课程内容，如定向运动、拓展运动、搏击、柔道、街舞、女子防身术等，以达到提高学生心理健康水平和社会适应能力的目标。

（4）自编、自创教材

体育课程的教学内容具有较大的不确切性，既给教师的教学带来了一定的困难，也给了教师广阔的创新空间。在课题研究中，要引导教师从学生身心特点、场地器材、教学实际出发，自编、自创教材，创造性地实践新课程。例如，在实践中进行体育故事、谜语、游戏、小器材的自编、自创等。

（5）开发来自学生生活的课程内容

体育课程要以学生的发展为中心，强调学生的主体地位。选择和处理教材内容不仅是教师的事情，也是学生的事情，学生才是学习的主体，他们的"动"与"不动"是课堂的核心。从学生生活中开发课程内容，可以在教学内容的板块中给学生以发挥、畅想的空间。

4. 课外和校外体育资源的开发和利用

校外体育资源包括爬山、打球、亲子活动、社区竞赛、青少年活动中心培训、少体校训练、体育俱乐部活动、兴趣班活动以及各种节假日的体育活动和竞赛等。在课题实践中，要善于开发利用以上载体，为体育教育、教学和课程改革提供支持，不断完善"以校为本"的体育课程资源开发和利用机制，并辐射周边社区和家庭，实现学校自身体育教育、教学和课程改革与发展的良性循环。

5. 自然地理资源的开发和利用

我国幅员辽阔，地域宽广，气象万千，地形、地貌千姿百态，蕴藏着丰富的课程资源，应重视开发和利用。例如，可开展春秋游、远足、爬山、散步、定向徒步、无线电测向运动、自行车慢骑、日光浴、游泳、打雪仗、滚雪球、堆雪人等课程活动。

6. 体育信息资源的开发和利用

在当今社会，教师要充分利用各种信息资源获取体育信息，不断充实和更新课程内容，提升专业素养。体育信息资源的开发和利用可以校内广播、黑板报、挂图、比赛、体育小报、体育作文等为载体，增强体育校园文化的建设；在课题实践中，引导学生主动通过广播、电视、网络等各种信息媒体途径获取体育信息，使学生懂得如何获取、整理、筛选、利用信息，并使其树立终身体育的理念。

第二节　高校体育课程目标分析与课程设置

一、高校体育课程目标分析

课程目标是教育目的和培养目标在教育过程中的具体化，是从课程的角度规定的人才培养的具体规格和质量要求，是指导整个课程研制的准则，也制约着教学结构、实施、评价等环节。

（一）高校体育课程目标的内涵和外延

1. 体育课程目标和教育目的的关系

体育课程目标，是指通过体育课程的施教活动要引起的学生最终的变化结果，是体育学科的总目标。教育目的是指整个教育事业要完成的最终追求，它是一种精神需求，超越具体的教育活动，是对教育事业的最高概括，具有相对的恒定性。目的概念的内涵具有终极性、原则性、抽象性和理念性；目标概念的内涵则有阶段性、具体性、可操作性和可行性。教育目的是课程目标的最上层概念，课程目标的制定是为最终实现教育目的服务的。教育目的一般在最高层面上使用，教育目的观决定了学校的课程设计和课程目标。在教学实践中，有时为了强调达到某一种要求的原则性、坚决性和重要性，也使用"教学目的"的概念，但教学目的的概念和教育目的的概念相比，其抽象概括及宽泛的程度是完全不同的。

2. 体育课程目标和体育课程的关系

（1）教学任务

教学任务是指教学过程中所有各项必要活动，如拟定教学提纲、设计课外作业、进行个别辅导等。课程目标是教学任务确定和安排的指南，教学任务是达成课程目标的手段和方法，是指"做些什么"或"如何去做"。教学任务与课程目标是条件与结果的关系，同一课程目标可通过不同的教学任务而达成。

(2) 教学内容

课程目标是相对于教学内容而言的。没有课程目标，教学内容就失去了选择的方向，目标和内容既不相同又不可分割。体育课程内容庞杂繁多，对于体育教师而言，选择什么作为教学内容必须有一个尺度，这个尺度就是体育课程目标。教学活动是按教学内容开展的，课程目标是教学内容实施的效果。

(3) 教学过程

课程目标要指引教学过程，总的课程目标可分解为更细的教学过程，二者密切相关。在课程实施时，教师备课过程中要明确目标、分解目标；在课堂教学过程中要贯穿目标、落实目标，检测目标的达至程度。课程目标和教学过程是统一的。课程目标指引着教学过程，教学过程是课程目标达成的唯一手段，但教学过程不是完全被动的，有其主动性。

从课程目标的相关概念分析中可知，课程目标和教育目的、教学任务、教学内容、教学过程是各不相同的概念，各有特定的内涵。把课程目标从相关概念中分离出来，使我们能够清晰地加以界定。

总的来说，课程目标的内涵可概括为：一是具有较短过程的终结性；二是具有多种不同指向的方向性；三是具有激励进取的可行性；四是在达成的道路上具有曲折性；五是在实施的过程中具有可操作性。也就是说，课程目标是阶段性的，可分为不同类别，能指导教学活动，在实施中有各种困难，但也有解决的方法。

(二) 高校体育课程目标定位

1. 过程与目标

课程目标指引教学过程，总的课程目标可分解为更细的教学过程，二者密切相关。在课堂教学过程中要贯穿目标，落实目标，检测目标的达至程度；教学过程是达成课程目标的保障和前提。构建体育课程目标时，要强调过程的重要性，改革课程教学重结论、轻过程的弊病。过程与目标是两个根本不同的概念，不能把过程纳入课程目标，更不能以过程代替方法。

2. 知识、技能和能力

知识、技能和能力是三个既有内在联系又相互区别的概念。知识是通过实践、研究、联系或调查获得的关于事物的事实和状态的认识，是对科学、艺术及技术的理解，是人类积累的关于自然和社会的认识和经验的总和。技能是指对知识和动作掌握的熟练程度，技能的学习可分为模仿、学会、熟练等程度不同的发展阶段，达到自动化的高级技能称为"技巧"。按性质来分，技能分为隐性的智力技能和显性的动作技能。能力是指个人完成某种活动所必需的个性心理特征，能力可分为能够以成就测量的外显能力和尚未表现出来的心智潜能。知识、技能和能力虽然密切相关，但概括的程度不同。知识是对经验的概括，技能是对动作方式的概括，能力是对调节认识活动的心理过程的概括，是较高层次的概括。当然，它们又是相互联系和相互转化的，能力是获得知识和技能的前提，知识和技能是形成能力的基础。三者密切相关，但不是相同层面的内容，不应把它们混为一谈。即使把这些概念纳入课程目标时，其内涵和关系也不会改变。

3. 知识与技能、方法与能力、情感态度与价值观各层面的目标

课程目标体系的构建应该把知识与技能、方法与能力、情感态度与价值观作为哪一层面的目标，关系到更深层的教育理论问题和教学实践问题，关系到如何看待各层面课程目标的本质特点和相互关系，关系到如何评价体育课程教学的利弊问题。

知识往往是课程中最基本的教育目标，有时甚至是课程中唯一的教育目标。在几乎所有教程中，知识都是一个重要的或基本的目标。进行知识教学的另一个理由是，知识教学常常被看作是所有其他教学宗旨或目标的基础，解决问题或思考不可能在真空中进行，而是必须以一些现实的知识为基础。知识本身就是一种最普遍的教育目标，这是需要引起足够注意的。可见，知识和技能均属于同一个层面的目标，即第一层面的目标，它是掌握方法和获得能力的基础和前提。而方法和能力均属于第二层面的目标，它概括的程度较知识和技能更高级。知识是对经验的概括，技能是对心智和动作的活动方式的概括；方法则是对规律性知识的概括，能力是对个性心理特征的概括。方法有两种，一种是认识自然社会和人类思维的具有普遍意义的哲学的方法；另一种是在某些学科中运用的特殊学科的方法。但不论哪一种方法都比一般的经验知识概括的层次要高。因此，方法和能力的目标均属于第二层面的目标。第三层面的目标是指情感态度与价值观，其实质是人生观和世界观的问题，是最高层面的目标。情感态度与价值观层面目标的特点是具有政治性、无限性、开放性和综合性。

各层面课程目标的逻辑关系不能颠倒，第一层面的目标是基础和前提，第二层面的目标是工具，第三层面的目标是内驱动力和价值世界观。同时，高层次目标一旦达成还具有相对的稳定性，能长期保持。但是最高层次目标又有一定变异性，前期达到的情感态度与价值观也会发展和变化。

知识与技能、方法与能力、情感态度与价值观，既相互区别又相互依存、相互转化。在教学实践中，很难把它们割裂开来。在传授知识和培养能力当中，总是包含着一定的情

感态度与价值观。课程改革要改变过于注重知识传授的倾向,强调形成学生正确的价值观和主动的学习态度。

高校教育应培养一大批具有必要的理论知识和较强实践能力的生产、建设、管理、服务的第一线人才。学生在掌握必需的文化知识的同时,还应具有熟练的职业技能和适应职业变化的能力。

学生毕业后工作在生产的第一线,他们的工作是将成熟的技术和理论转变为实践能力,解决在转变过程中的各种实际问题。根据现代教育心理学的研究,知识包括陈述性知识和程序性知识两大类。技能本质上是一套操作程序控制人的行为,包括外显的身体活动(动作技能)和内在的思维活动(智力技能),它们属于程序性知识概念范畴。身体活动是体育课程的主要形式,是动作技能获得和发展的主要途径。高校教育的技能培养特征暗示了高校体育课程发展改革的方向。

(三) 高校体育课程目标的价值取向

课程与教学目标是一定教育价值观(教育目的、教育宗旨)在课程与教学领域的具体化,因此任何课程与教学目标都有一定的价值取向。高校体育课程目标的基本价值取向,是指人们对高校体育课程目标的总的看法和认识。

学习者的需要、体育课程的特性、社会发展的需要,三者作为生成高校体育课程目标的基本来源,过分强调其中的任一方面,都有可能导致课程本身的发展失衡。如果高校体育课程目标定位于满足学科本身发展的需要、突出学科的特殊功能,则有可能出现课程目标定位过高的情况,使体育课程脱离学生的实际生活,课程内容丧失生活意义。如果高校体育课程目标定位于满足学生的个人生活和社会生活需要,体育课程就有可能让学生牵着鼻子走,有可能架空教育引导和促进学生发展的职能。因此,为使课程本身平稳发展,充分发挥体育课程职能,使高校体育真正成为高校教育课程体系中不可或缺的组成部分,我们有必要权衡三者之间的利弊并做出一种比较恰当的选择。

1. 以学校体育向社会体育的转化为立足点

高校体育课程的高层次是相对中学体育课程层次而言的,是由高校体育课程处于从学校体育锻炼转向社会体育锻炼的特殊阶段所决定的。

初中阶段的体育课程主要传授学校运动会和学生生活中常见运动项目里较细致的技术,教学生如何用运动技能为自己的身体锻炼服务;高中阶段主要以竞技性运动项目的学习和体育保健教育为教学内容;大学体育课程应向生活体育、娱乐体育、体育的文化性方向发展,培养大学生参与运动的兴趣,发展学生自我体育锻炼能力。大学体育应以那些在生活中常接触，可以在离开学校后还能参与的社会性（大众性）体育项目为主要教授内容。概括地说，初中是常见运动技术和身体锻炼方法的培养；高中是进行竞技体育和健康教育；大学是进行生活体育和娱乐体育，是高层次体育能力的培养。

因此，高校体育课程目标不应该是基础体育课程目标的简单重复，也不应该是大学体育课程目标的直接移植。从终身体育能力的培养来看，从学校体育向社会体育的转换来看，高校体育课程目标要体现出体育能力的"高层次"。

2. 以协助提升学生的职业能力为追求

高校教育是高等教育，也是职业教育，具有"职业性"。高校教育培养的是具有全面素质和综合职业能力，能直接从事生产、服务、技术和管理工作的综合性人才。为经济建设培养合格的劳动者，是高校教育的主攻方向；突出专业技能课程，是高校教育的特色；发展和提升能力，是高校教育的中心工作。高校体育要为高校教育服务，并不是作为附庸，而应突出应用性、实用性，使体育能力与综合能力协同发展。

良好的身体素质是正常工作和生活的基础。高校学生要想学好专业知识，提升综合能力，离不开良好的身体素质这个基础，而体育课程的首要任务正是发展学生的身体。为了顺利地掌握学科专业技能，必须发展某些对具体专业最为重要的身体素质。使用体育的形式、手段和方法，最大限度地保证人适应劳动活动所必需的机能和运动能力得到发展和完善，从而提高职业教学效果和在独立生产劳动中保持良好的工作能力。这种专门化的教育过程即为实用性身体训练。实用性身体训练可以充实和完善对学习活动有益的运动技能储备，强化、发展对学习劳动重要的身体能力，保障身体活动水平的稳定性，提高机体对不良劳动环境的耐受力和适应能力，保持和增进未来劳动者的健康。采用根据学习活动特点改造的一般体育运动和竞技运动中的各种身体练习是实用性身体训练的基本手段，这些练习直接决定着具体学习活动的效果。由此可见，高校体育课程具备提升学生综合能力的条件。

二、高校体育课程设置

（一）体育选修课模式和必选课模式相结合

我国的部分高校已经建立了一年级、二年级的体育选项课的主体教学模式，其中比较有代表性的是清华大学，同时还设立了校定特色体育必通课，并规定了对于校定特色体育必通课课程设置模式的基本考核标准，要求高校的每一位学生都要通过。

（二）"完全教学俱乐部"模式

关于"完全教学俱乐部"模式在我国部分高校的应用，比较有代表性的是深圳大学。这一模式的主要思想是按照学生的体育学习兴趣与爱好，对体育课程俱乐部模式进行全面实施，学生能够对体育运动项目、体育运动实践、体育教师进行完全自由的选择，同时还把体育课程教学的俱乐部逐渐向外发展，延伸到课外体育俱乐部。通常来讲，在"完全教学俱乐部"模式中，主要应用了指导制的形式。在应用"完全教学俱乐部"模式的时候，通常要求条件优良的体育课程场馆设备条件，同时对于吸引力也有一定的要求，此种教学模式属于教育制度中的完全学分制，此外，还要求学生具备较好的体育基本素质与较高的体育锻炼积极性和体育自我锻炼的意识，且具备良好的体育学习习惯与体育能力。"完全教学俱乐部"模式充分保证了体育课程教学的时间，在完善的、专业的师资结构下，使学生的体育学习需要得到充分满足。

（三）体育课程俱乐部模式和体育选修课模式相结合

我国的部分高校对于网上自由选择体育课程、选择时间和体育教师的体育课程俱乐部模式进行了建立。这一模式仍旧按照班级授课的方式开展体育课程活动，并且通过学期选修课或者必修课形式的应用实施体育课程管理。从实质上来讲，体育课程俱乐部模式是存在于完全教学俱乐部模式和体育选项课模式之间的一种教学模式，在使用此教学模式的时候，对于体育师资与项目群的一定储备存在要求，学生要具备较强的选择性，同时还离不开体育课程专门选课系统的有力支持。值得进行说明的是，同完全教学俱乐部模式相比较，此种模式没有那么高的体育课程硬件设施要求，在课程选择的可选择性问题上，学生很难不受到课程设置模块、课程授课时间和师资力量的制约。

（四）体育基础课模式和体育选项课模式相结合

我国的部分高校已经对于一年级的基础课、二年级的选项课，或者是第一学期的基础课，第二、三、四学期的体育选项课教学模式进行了建立。通常来讲，体育基础课授课形式是按照行政班级的方式，而体育选项课则是按照实际报名情况或者网上选择的具体情况来对体育班级进行编制的方式开展的。此模式对于身体素质发展的重要性进行了较多的强调，这对于校定特色体育与一些传统体育运动项目教学与考核的顺利展开是非常有利的，同时还能够促进体育课程组织管理工作的全面实施。

第三节 高校体育课程的学习与评价

一、高校体育课程的学习

体育学习是以运动技术的学习为中心而展开的活动。它是一种综合性很强的学习活动，既包含了技能学习，也包含了认知学习、社会学习和情感培养。

（一）体育学习的过程

1. 体育知识和运动技术的学习过程

（1）感知

教师在课堂上通过示范等直观方式，将技术动作向学生进行展示并讲解，学生通过视觉和听觉将这些刺激转换成神经信息，进入感觉登记器，有的信息被记录了下来，而有的则被遗忘。

（2）记忆

被感受器登记了的技术动作有关信息很快进入短时记忆储存，并经过信息编码进入长时记忆。信息在此时被编码，即在短时记忆中以知觉方式存在的动作印象这时转换成了动作概念、要领和动作表象等形式。

（3）反应

当学生根据要求要做出该技术动作时，会对长时记忆储存进行检索提取，从而根据技术动作的概念和要领等做出动作。即学生对该技术动作已有所习得，表明学习确已发生。

2. 体育知识与运动技术的学习阶段划分

根据加涅的信息加工学习理论模式来看，学生每一个具体、完整的学习活动，其过程可以分为以下八个阶段。

（1）动机

学生有了学习的动机和期望，就会使学习行动指向学习的目标。

（2）领会

学生对所学的体育知识和技术进行了注意和选择性知觉。

(3) 习得

即信息被重新编码。例如，技术动作由短时记忆中的视觉印象转换成了动作的概念、要领、口诀、顺口溜及动作表象等。

(4) 保持

学生将习得并经过编码的信息储存在长时记忆中。由于新旧信息的干扰，有的内容会被遗忘，而有的会被保持下来，为了使保持下来的信息更多，就要加强动作技术的重复性。

(5) 回忆

回忆是指对储存在长时记忆中的内容进行搜寻或检索的过程，这个过程往往要通过外部环境提示某些情景或刺激才能完成。

(6) 概括

学生提取习得信息的过程并不是总在最初学习信息时的情景中，而是将习得的知识技能运用到类似的情景中，即为概括阶段。

(7) 作业

通过作业（反复练习）可以反映学生是否已经习得了所学习的内容。

(8) 反馈

当学生得到他的学习行为使一定的预期得以实现这个信息后，学习的行为就完成了。反馈是学习者通过对其行为效果的观察提供的。如果学习的目的是习得某项运动技能，则反馈来自成功地展示这种运动技能。

(二) 运动技能的形成过程

运动技能是一种习得的能力，是按一定技术要领，通过练习而获得的迅速准确、流畅和娴熟的身体运动能力。运动技能的形成过程可分为三个阶段。

1. 认知与定向阶段

指对所学的动作进行感知、加工、编码，形成动作表象并贮存信息，从而进行模仿与尝试。在这一阶段，学生常会表现出：初步领会运动技能的基本要求，掌握运动技能的主要动作或局部动作；注意范围比较狭窄，精神和全身肌肉紧张，动作忙乱、不协调，出现多余动作，不能察觉自己动作的全部情况，难以发现错误。

这一阶段的学习策略主要有模仿练习、分解练习、突出重点的练习、降低难度的练习等。

2. 练习阶段

学生通过反复练习和对动作的深入理解，知觉过程日趋完善准确，注意范围逐渐扩大，肌肉运动感受性逐渐提高，过度的肌肉紧张和多余动作逐渐消失，动作变得准确，协调性、稳定性和灵活性加强，动作速度加快。

这一阶段的学习策略有完整练习法、组合练习法、变换练习法、负荷量大的重复练习法等。

3. 自动化熟练阶段

在这一阶段，运动技能的动作系列已经联合成一个有机整体并巩固下来，动作结构上的不协调现象消失，动作过程中的视觉控制主要转向了动觉控制，动作主要依靠本体感受器的反馈机制来调控，意识对动作的调节作用大大降低，几乎不需要意识控制，完成动作非常流畅、稳定、协调有力，并达到自动化的程度。这一阶段的学习策略有变化练习法。

（三）高校体育学习的评价

1. 体育学习评价的内容

（1）知识与技能的评价

知识与技能的评价包括对体育的认识、体育知识和方法的掌握与运用，以及专项运动技能的掌握与运用情况。

（2）学习态度的评价

学习态度的评价可以从以下几个方面进行：能否主动地参与体育活动；能否运用所学知识和技能参与体育活动；能否积极主动地思考并为达到目标而反复练习；能否积极投入健康教育活动。

（3）情意表现与合作精神的评价

学生的情意表现主要有：能否战胜胆怯、自卑，充满自信地进行体育活动；能否敢于和善于克服各种主、客观困难与障碍，挑战自我、战胜自我，坚持不懈地进行体育活动；能否善于运用体育活动等手段较好地调控自己的情绪等。

学生的合作精神则主要表现为：能否理解和尊重他人，并在体育课程学习过程中表现出良好的人际交往能力与合作精神，努力承担在小组学习与练习中的责任；能否遵守规则、尊重裁判；能否在学校和社会的体育活动中履行自己的权利和义务，表现出负责任的社会行为等。

(4) 健康行为的评价

健康行为的评价主要包括：是否有不良的生活习惯；是否学会制定并遵守合理的作息制度；是否注意个人的卫生；是否为维护公共卫生而努力。

2. 体育学习评价的方法

(1) 定性评价与定量评价相结合

定量的评价方法往往只能针对能够通过计时、计量进行测量与评价的外显性行为，比较适合对学生的体能和运动技能做出评价；对于学生的体育学习态度、锻炼习惯、意志品质、自信心和自尊心等则很难采用计时、计量的方法，只能用定性的分析方法来进行评价。

(2) 终结性评价与过程性评价相结合

终结性评价是在体育课程活动结束时进行的一次性评价，如期末的考核、考试等。过程性评价则是在教学过程中，为使学习效果更好而对学生学习的各个方面不断进行评价，它有助于及时了解学生学习的进展情况、存在的问题，以便及时反馈和有效调整教学过程，促使学生有效学习，不断进步。

(3) 定期性评价与经常性评价相结合

定期性评价是指如以教研室为单位组织的集体听、评价活动，以及定期的常规检查等。经常性评价是指以教师个体为单位进行的经常性活动，再配以日常的评价，就可以使教学评价成为整个教学活动的有机组成部分。

(4) 绝对性评价与个体差异性评价相结合

在评定学生体育学习成绩时，常运用对社会参照标准进行加减的评定方法进行评价，同时也充分考虑学生态度和行为的进步与发展。采用个体差异性标准评价有助于学生看到自己努力后所取得的进步，从而建立学习的自信心和自尊心。

二、高校体育课程的评价

体育课程评价，主要是指从体育课程目标与体育课程的原则出发，判断、评估体育课程的过程，以及所取得的成果。

(一) 高校体育课程评价的基本含义

1. 体育课程评价的开展需要从体育课程目标与体育课程的原则出发

体育课程目标作为一种评判依据，可以测试体育课程预先设定的成果是否已经实现，预期的任务是否已经完成；而体育课程的原则作为一种评判依据，可以测试体育课程开展的合理性，及其能够满足体育课程的基本要求。需要注意的是，上述的两个评价依据，在具备一定规范性与客观性的同时，还具备教育评价的信度与效度。

2. 体育"教"与"学"的过程和结果是体育课程评价的对象

体育课程评价主要将体育课程中的受教育者——学生的"学"作为重点对象，主要包含了对学生学历水平与品德行为的评价；此外，体育课程评价也会评价教师的教学，主要包含对教师教学水平与师德行为的评价。

3. 价值判断与量评工作是体育课程的工作内容

"价值判断"属于质性的评价，一般是指对体育课程方向的正确与否及体育课程方法是否得到贯彻进行评价；"量评工作"属于量性的评价，一般是指对可以量化的学习效果进行评价，如身体素质的增长、掌握技能的数量等。

（二）高校体育课程评价的功能

1. 导向功能

由于不同的评价标准会得出不同的评价结果，因此评价标准像根"指挥棒"一样起着导向作用。评价之后的反馈指明了体育课程决策与改进的方向，如果做法获得肯定，那么在体育课程过程中将会对其进行强化；如果做法被否定，那么就需要对其进行纠正与改变。

2. 诊断功能

通过体育课程评价，体育教师对于体育课程的质量可以进行科学的、客观的鉴定，了解体育课程的成效和问题。体育课程评价就像是体格检查，能够科学地、严谨地诊断出体育课程的现状。全面性的体育课程评价，能够对学生成绩、实现体育课程目标的程度进行评估，同时还能够帮助教师对学生学习困难的症结所在进行诊断，并且对学生学习成绩的进一步提高提供一定协助。

3. 调控功能

体育课程评价会将反馈信息提供给体育教师与学生，使他们能够对教与学的情况及时地了解，为体育课程活动内容与形式的调整提供依据。根据体育课程评价的最终结果，教师可以对体育课程计划进行修订，对体育课程方法进行改进；而学生可以对学习策略进行调整，对体育课程方式进行改变。体育课程评价使体育课程过程向反馈与调节随时可以进行的可控系统的转变得到促进，使体育课程活动同预期目标越来越接近。

4. 激励功能

在体育课程的整个过程中，体育课程评价发挥的作用是监督与控制，是一种对体育教师与学生的强化与促进。通过体育课程评价，能够将体育教师的教学效果与学生的学习成绩反映出来，激励体育教师的工作热情与学生的学习动机。如果体育课程评价是科学的、合理的，那么不但能够使体育教师与学生得到心理满足与精神鼓舞，而且能够使体育教师朝着更高目标努力的积极性得到激发。即便是较低的评价也能发人深思，使体育教师与学生的奋进情绪得到激发，使推动作用与促进作用得到发挥。这是因为这种反馈激励对于体育教师与学生的自我认识存在一定的帮助，进而使体育课程质量得到提高。对于体育课程评价的激励功能，应该有效利用，对学生尽可能地开展正面鼓励，避免学生积极性受到伤害。注意在日常评估时尽量避免学生之间的比较，要帮助学生设定个人进步目标，使他们在每次参与体育活动时，都能充分感觉到自身的进步。

（三）高校体育课程评价的类型

1. 体育课程的绝对评价

体育课程的绝对评价，主要是指按照体育课程的目标评价体育课程的设计方案、教与学的成果。此评价形式在被评价的集合与群体之外建立了体育课程评价的基准，针对某种指标对集合或者群体中的每个成员同基准进行逐一对照，进而对其优劣进行判断。通常来讲会将体育课程的课程标准、教学计划中的教学大纲、课程具体实施方案，以及相对应的评判细则作为评价基准。

体育课程绝对评价的优势是存在比较客观的评价标准，因此，在体育课程的评价过程中，如果能够恰当地使用此种评价方式，那么就能够保证每一个被评价者都能对自身同客观标准之间的差距有所了解，以便于促使他们不断努力向标准靠拢。此外，通过体育课程的绝对评价，体育课程的管理部门可以对体育课程各项目标的完成情况进行直接考察，同时，还能够明确即将要开展的工作重点。但是体育课程的绝对评价也存在缺点，在对评价标准进行制定与掌握的时候，容易影响被评价者的原本经验与主观意愿。

2. 体育课程的相对评价

体育课程的相对评价，是指将基准建立在被评价对象的集合或者群体中，然后逐一地将各个对象同基准进行对比，以便对群体或者集合中每个成员的相对优劣进行判断。体育课程相对评价的基准是群体的平均水平，根据被评价对象在整个群体中所处的位置进行判断。体育课程相对评价的优势是具有广泛的适用范围，且甄别性强。换言之，无论群体的整体水平如何，都能够将优劣对比出来。体育课程相对评价的缺点是，由于群体不同，其基准也会产生相应的变化，因此容易导致评价标准同体育课程目标相背离。

3. 体育课程的自身评价

体育课程的自身评价，主要指被评价者从不同的侧面、过去与现在进行纵横比较，从而对自己各个方面的能力展开评价，对自身的进步情况进行确定。体育课程自身评价的优点在于，能够对个性特点给予尊重，同时对个别差异给予重视。通过纵横比较被评价对象或者部分的各个方面及各个阶段，对其现状与趋势进行判断。然而，由于具有相同条件的被评价对象没有与被评者进行比较，所以对其实际的水平与差异进行判断是很困难的。因此，在体育课程评价的实践活动中，选择评价形式的时候应该将相对评价与自身评价紧密地联系在一起。

4. 体育课程的诊断性评价

体育课程的诊断性评价，也被称作前置评价。在开展体育课程的某项活动之前，如在前期分析体育课程设计的时候，应该针对学生的智力、态度、体能、知识与技能等方面的情况开展摸底测试，以便于对学生的准确情况与实际水平进行了解，对其是否具备体育课程目标实现的必需条件进行判断，为体育课程决策提供一定的理论依据，保证体育课程活动同学生背景与需要的协同发展。

这里所说的诊断，是一个存在较大范围的概念，它不仅能够对缺陷和问题进行验明，还能够识别各种各样的优点与特殊才能。因此，体育课程针对性评价的最终目的是对体育课程方案进行设计，使起点水平与学习风格不同的学生的需要得到满足，同时还要在体育课程程序中对学生进行最有益的安置。

（四）高校体育课程评价的内容

1. 对课程本身的评价

（1）课程编制理念的评价

我国高校体育课程提出了四个基本理念：

①坚持"健康第一"的指导思想，促进学生健康成长；

②激发运动兴趣，培养学生终身体育的意识；

③以学生发展为中心，重视学生的主体地位；

④关注个性差异与不同需求，确保每一个学生受益。

这四个理念很好地符合了当今社会所推崇的"素质教育"和"创新教育"的教育理

念以及"健康第一"的学校教育指导思想，也是与当代人本主义的教育价值取向相一致的，同时较为充分地体现了社会发展对体育课程的要求。因而理念一经推出，便很快受到了人们的欢迎与认可。

（2）课程目标的评价

课程目标的制定必然涉及课程目标的调整与改革。一定的课程目标是一定教育价值的体现，是一定教育思想的具体反映。课程目标是课程及其教学活动的蓝图，是教育工作的指南，也是衡量课程最终质量的准绳。对课程目标的评价是判断课程价值的一个重要环节。对于课程目标的评价通常应考虑以下几个方面。

①课程目标与培养目标的一致性。体育课程的目标应与学校教育培养的目标保持一致，同时应是在培养目标的范围之内的。

②课程目标的表述。我国比较习惯用理论性或原则性的词语去概括目标，因此表述不太确切，实施缺乏依据。而新体育课程目标大量采用了行为目标的表达方式，在很大程度上克服了这种缺陷，反映了我国课程编制的进步。

③课程目标的实现可能性。课程目标应当在学校教育教学活动中是现实可行的，是符合学校的客观基础、具有客观条件保证的，是为教师所能理解、接受并能在实际工作中得到落实的。

（3）课程结构的评价

课程结构涉及课程内容的实际组织方式，其合理性主要是通过体育课程的横向及纵向结构是否合理、科学加以判断的。对体育课程结构的纵向评价有下列几方面。

①在过去应当是指国家的教学计划、学科的教学大纲和教科书三者之间的安排是否合理。而当今应当是基础教育课程改革的纲要、体育课程标准和教科书三者之间的安排是否合理。体育课程是由国家规定的必修课，但是，即使是必修课也需要实行三级课程管理（国家、地方、学校）体制。

②三级管理体制有利于使国家的课程标准通过地方、学校和教师的工作逐步到位。其既需要有制度为依据，也要有适当的运行机制来保障实施。

③新课程标准规定，小学低年级每周4课时；小学高年级和初中每周3课时；高中阶段采用学分制，1学分18课时，总共110个学分，共198课时；大学的指导纲要则规定年级开设体育课，每周2课时，共14课时。

对体育课程结构的横向评价包括了以下两个方面。

①不同学制阶段的课程类型的选择是否合理；

②不同学制阶段的教材分类是否合理。

在开展课程改革的新形势下，课程的结构已不再由国家单方面规定，地方特别是学校已经有了较大的自主权。但是课程的总体结构还是由管理机构决定的。因此，对体育课程的结构进行评价要依靠政府行政、学术团体、专家学者、学校领导、体育教师等多方面的渠道，广泛吸取公众的意见，力求在体制和运行机制方面得到完善和改进。

（4）课程内容的评价

课程内容的评价涉及课程内容与课程目标的一致性、课程内容对目标的贡献程度、课程内容的价值取向、课程内容的组织原则等方面。所有这一切均需要根据实际情形做出综合判断。

2. 对学生"学"的评价

在教育领域，可能没有哪一件事情能像评价学生的学习效果一样引起人们的关注了。在我国的教育实践中，人们习惯于将评价看作对学生学习的评价，或更窄化为对学习结果的评价，甚至将评价等同于考试、测验等。将学习评价等同于教学评价、课程评价甚至是教育评价，是影响我国课程发展的一个严重误区。学习评价只是课程评价的一个重要环节，而不是课程评价的全部。

在应试教育的影响下，尽管人们非常重视学习评价，然而在现行的体育课程与教学中，学习评价还是存在着相当的弊病。

其一，是评价内容与课程目标脱节并且过于单一。我们对学生的评价内容基本上是局限于体能和运动技能的评定，忽视了对学生的学习态度、兴趣爱好、习惯养成、情感、合作等方面的评价。

其二，是评价方法和手段单调。目前，对学生学习的评价还是采用终结性评价、绝对评分等方法，同时将《国家学生体质健康标准》作为评价的一个重要标准，严重忽视了学生学习的个别差异和对学习过程的评价。

其三，是评价主体单一。尽管众所周知，学生是学习的主体，但对学生的学习进行评价却是以教师的外部评价为主的，而事实上最了解学生学习的应该是学生本人，但学生自己基本上是没有对自己进行评价的可能的，所谓的学生学习的主体地位根本没有得到重视。

新课标中将学生的学习成绩评定界定为对学生的学习表现以及达到的程度进行的判断与等级评定，突破了学习评价仅仅局限于学习结果的现状，反映了学习评价的重点的转移。

3. 对教师"教"的评价

教师的教学是课程实施的关键环节，也是课程评价的一项重要内容。对于体育教师的评价包括对体育教师的专业素质和体育课堂教学的评价两个方面。体育教师的专业素质包括如下内容。

（1）教师的教育理念及教学指导思想

就目前的体育课程而言，体育教师应当具有"素质教育"和"创新教育"的指导思想及"健康第一"的教学理念。

（2）教师职业道德、教学能力和科研能力

体育教师应对体育教育事业具有敬业乐观的精神，对学生具有爱心，尊重学生；应能很好地把握教学大纲、课程标准及教材，同时具备创新精神和能力，不被教学大纲、课程标准和教材完全束缚；具备一定的学习能力和科研能力。

（3）体育教师的体育运动基础

体育是一门以技艺学习为主的学科，体育教师应具备一定水平的专项运动基础和较好的形象（姿态与体形）。对体育教师的课堂教学的评价通常包括教学目标、教学组织和课堂结构、教学内容、师生交往、运动负荷、教学技巧、教学结果等方面。

第五章 高校体育教育教学模式的创新

第一节 高校体育教学模式概述

一、体育教学模式内涵

（一）体育教学模式的概念界定

1. 教学模式

教学模式是按照一定原理设计的一种具有相应结构和功能的教学活动模型。教学模式综合考虑了从理论构想到应用技术的一整套策略和方法，是设计、组织和调控教学活动的方法论体系。教学模式在前人成果的基础上将会有新的发展。教学模式一词最早是由美国学者提出的，他们认为教学模式是试图系统地探讨教育目的、教学策略、课程设计和教材以及社会和心理理论之间的相互影响，以设法考察一系列可以使教师行为模式化的各种可供选择的范型。

综而观之，当前国内大致有以下几种观点：结构论、过程论、策略论、方法论等。其相同点是都指出了教学模式的稳定性特点；不同点在于，一个定义确定教学模式是某种"结构"，一个将其视为某种"方法"。

因此，要揭示教学模式的本质，须从其上位概念"模式"谈起。模式的概念涉及人的两个方面行为，一是对事物稳定的认识，二是对事物稳定的操作，而前者构成认识模式，后者则构成方法模式。所以，认识模式和方法模式才应当是教学模式的两层基本含义。由此可见，教学模式是教学形式与方法的统一体，其中，"过程的结构"是"骨骼"，"教学方法体系"是"肌肉组织"。

2. 体育教学模式

我们把体育教学模式的概念定义如下：体育教学模式是蕴含特定体育教学思想，在特定教学环境下实现其特定功能的有效教学活动的结构和框架。教学模式是对教学经验的概括和系统整理，教学实践是教学模式产生的基础，但教学模式不是已有的个别教学经验的简单呈现。同时，教学模式被看作沟通理论与实践的桥梁，既能用来指导教学实践又能为新的教学理论的诞生和发展提供支撑，其在两者中起中介的作用。根据对教学模式的认识，与其他学科教学相比，体育教学是一个比较复杂的教学过程。它与学习过程、游戏过程、训练过程等有着密切关系，因此，认知的规律、身体锻炼的规律、技能形成的规律、竞赛规律等都是体育教学过程中必须遵循的规律，体育教学模式必须反映这些方面的特点。

（二）体育教学模式的构成要素

体育教学模式的构成要素主要有五种，详细内容如下。

1. 教学思想

教学思想是构成教学模式的核心因素，也是其灵魂所在，体育教学模式构建时所应具备的理论和思想就是教学思想，也可以理解为，教学模式是需要以教学思想为理论支撑的，不同的教学思想理论会构建不同的教学模式。

2. 教学目标

体育教学模式存在的意义就是促进教学目标的完成。倘若没有教学目标，那么，体育模式的存在也毫无意义可言。体育教学模式所能够达到的教学效果是体育教师对某项教学活动在学生身上将产生的效果所做出的预测。体育教学主题的具体编写就是教学目标，教学模式是围绕教学目标存在的，同时，教学目标也会对教学模式的其他构成要素起到限制的作用。

3. 操作程序

操作程序就是教学活动中的环节和流程。体育教学工作中，按照时间顺序逐次进行的逻辑步骤以及各个步骤的具体执行方法就是操作程序。不管采用何种教学模式，操作程序都具有独特性。此外，操作程序并不是固定存在、毫无变化的，但总体而言，它具有相对稳定性。

4. 实现条件

实现条件，是对操作程序的补充，它主要就是教学模式中具体使用的方法和策略。实现条件主要有人力、物力、财力三个方面的内容。进一步来说，也可以理解为教师与学校、教学内容与时空以及学校所具备的设施设备等。

5. 评价方式

不同的教学模式适应不同的教学目标，并且在使用的程序和条件方面也是不尽相同的。所以，每一种教学模式都有与之相对应的评估准则和方法，并且相对应的评估准则和方法都是独立存在的。在实际的教学过程中，是不会采用完全相同的评判准则的，因为会造成评估结果缺乏合理性和科学性。

二、体育教学模式的特点

（一）整体性

体育教学模式是一个整体性的系统构成，在体育教学模式系统中，教学思想、教学目标、操作程序、实现条件、评价共同构成一个完整整体。

体育教学模式在体育教学实践中的实施，对体育教学效果的影响是教学模式的整体效应，而非教学模式系统内部的具体系统要素的作用发挥，体育教学模式的各要素结构组织不同，教学模式的类型和教学作用也不同。

教学模式的应用所解决的主要问题是体育教学的整个教学任务的完成问题，对教学过程中的微小细节问题不能一一照顾到。在体育教学活动开展期间，对于体育教学模式的选择必然是从教学宏观角度出发来选择相应的教学模式的，教学过程中，解决问题应着眼于整体的角度，而不能为了教学中的一个细小问题选择不合适的教学模式。

（二）简明性

体育教学模式为体育教学的开展提供了一个整体框架，使得体育教学设计能在框架基础上做到有的放矢。简单来说，教学模式是简化了的教学结构理论模型，它是从理论高度简明、系统地对凌乱纷繁的实际教学经验的理论化概括，是简单、易理解的教学模型，对体育教学具有提纲挈领的指导作用。

（三）稳定性

体育教学模式是对体育教学实践过程的高度概括，这种概括性和教学过程描述的简明性决定了体育教学模式的稳定性。体育教学模式构建之后，其结构是稳定的，体育教学模式适用于一定的体育教学思想，适用于多种教学内容、教学对象，不同教学模式在教学操作程序、教学目标实现方面有所不同，可以很好地适应体育教学实践，能够结合具体的教学情况，解决不同的体育教学问题。体育教学模式自出现到发展至今，常用的总是经典的几个体育教学模式，有多个教学模式历经几十年依然在使用，在以后相当长的一段时期内，该教学模式还会长期使用，这充分体现了体育教学模式的稳定性。

（四）针对性

体育教学模式的针对性主要表现在其选择依据方面，教学模式的选择不是随意的，必须是科学的，与体育教学目标和教学对象相符的。

一是针对不同的体育教学目标，有不同的体育教学模式。如旨在促进学生自主学习能力的发展，发展学生的探索意识和能力，多采取探究式教学模式。

二是针对不同的教学对象，体育教学模式不同。例如，情境教学模式，通过故事形式，开展体育教学活动，适用于理解能力较差、体育基础不够的学生；快乐体育教学模式适用于一些简单、趣味教学内容的展示，更适用于年龄小和刚接触体育教学的学生。

（五）开放性

体育教学活动的开放性决定了体育教学模式的开放性，体育教学模式的开放性表现在以下几个方面：

①体育教学模式结构稳定，但系统内部的各要素的情况是可以发生变化的，并且在体育教学模式的实施过程中，体育教学方法、手段等都具有多样性，可以随着教学需要发展不断丰富化。

②体育教学模式程序固定，体育教学模式在结构上、程序上是基本固定的，而且教学程序是不可逆转的，但不同体育教学活动之间的内容比例、时间比例是可以灵活调节的。其中某些内容可以教学实际进行压缩、省略和重叠。

③体育教学模式的开放性更多地表现为结合体育教学需要的局部调整，体育教学模式的性质不会发生改变，体育教学模式的整体或细节的调节可以使体育教学模式更加与体育教学实际相符。

（六）操作性

教学模式具有操作性，任何一种体育教学模式都必须能在体育教学实践中应用，否则再好的体育教学模式如果只能停留在理论阶段，都只是空谈。通过对体育教学模式的实施，能使体育教师非常清楚地知道在教学中应该先做什么，再做什么，最后做什么，并为体育教学模式的实施创造必要的教学环境与条件，使体育教学模式具有可操作性。

三、我国新型高校体育教学模式的建构

（一）新型体育教学模式的理论基础

1. 新型体育教学模式的现代课程论基础

教学属于课程的一部分，所以建立教学模式必须以一定的课程理论为基础。现代体育课程理论基础主要分以下几点。

（1）体育课程目标实现多元化

体育课程目标不仅把增强体质、提高健康体质作为首要目标，而且注重培养学生体育文化素养，同时强调学生个性和创造力的培养，并主张结合体育课程内容的特点，把道德教育和合作精神的培养融合在体育教学过程中。在时间上，通过体育课程，不但要完成学生在学校期间体育知识的传授和技能的培养任务，还要培养学生学习体育的能力、兴趣、习惯，为其终身参加体育活动打下基础。

（2）课程内容注重学校体育主体需求

随着社会的发展，学生对体育的需求呈多元化态势。课程内容只有满足了学生需要，才能激发学生兴趣，形成稳定的心理状态，实现终身体育。一是要重视传授终身体育所需要的体育知识，主要包括体育基础知识、保健知识、身体锻炼与评价知识等；二是竞技运动项目的教材化。

（3）现代体育课程论与新型体育教学模式

20世纪60年代以来课程理论出现两次世界性的变革：一是学科中心课程论；二是人本主义课程观。我国体育课程的体质、技能、技术教育思想正是学科中心课程在体育课程中的反映，至今仍影响着体育课程的改革。

①新型体育教学模式的目标取向。教学目标受课程目标影响，没有新的课程目标就不可能有新的教学目标。新型体育教学模式的目标不仅要求有运动技能目标，还有情绪、态度、能力、个性等目标。

②新型体育教学模式的价值取向。重视全体学生全面发展和个性培养相统一。学生发展离不开体育学科内容的学习，学生通过体育学习发展自己。

③新型体育教学模式的教学设计思想。课程的问题中心设计模式是新型体育教学模式设计的模式基础。问题来源于学生的发展需要和教学内容的需要。在教学设计中，要让学习者作为一个完整的个体参与到教学中来，让学习者在解决问题中学习掌握学科内容。

2. 新型体育教学模式的现代教学论基础

教学论有许多流派，如探究发现教学理论、情意交往教学理论、认知教学理论、建构教学理论等。下面简要列举一些对建构新型体育教学模式有支撑作用的观点。建构主义教学观认为，教学的目标是充分发展学生的主动性、自主性和创新性，教学目标之一是培养"能够在现实的生活世界中应用知识的能力"。用通俗的话说，就是学会学习，并能调控自己的学习。建构主义与以往的教学理论相比，更加突出表现出了三个方面的重心转移：从关注外部输入到关注内部生成；从"个体户"式学习到"社会化"的学习；从"去情境"学习到情景化的学习。综观各个教学理论流派的观点，其共同之处，便是对"主体性"的追求。其中，学生的自主性主要指学生的自我意识与自我能力，包括学生的自尊、自爱、自信、自决、符合实际的自我判断、积极的自我体验和主动的自我调控等。创造性是学生的主动性和自主性发展到高级阶段的表现，它包括创造的意识、创造的思维和动手实践的能力。教师的教是外因，学生的学是内因，外因通过内因起作用。教学中尊重差异，才能使教育恰到好处地施加于每一个学生，才能发挥学生的主体作用。

（二）新型体育教学模式的性质与设计

1. 体育教学模式的基本属性

根据对各种先行研究的归纳，提出体育教学模式的几个基本属性：理论性、稳定性、直观性和可评价性。

（1）理论性

指任何一个比较成熟的体育教学模式都必定反映了某种体育教学指导思想，都是一种体现了某个教学过程理论的教学程序。

（2）稳定性

一个体育教学模式的确立实际上是一个新型的体育教学过程结构的确立，既然是结构，就必然有相当的稳定性。

（3）直观性

直观性也可称为可操作性，任何一个新型的体育教学模式的建立，都意味着它和以往的所有体育教学模式是不同的。这就使人们可以根据其特定的教学环节和独特的教程安排来判断是不是属于此种教学模式。

（4）可评价性

所谓可评价性是指任何一个相对成熟的教学模式确定，必有着与其整个过程相应的评价方法体系。因此，任何一个教学模式都可以对实施这个教学模式的教师给予明确的教学评价，这不仅仅是对该教师对教学模式理解程度的评价，也是对教师参与、认识和学习能力进行系统评价。

2. 新型体育教学模式的特征

新型体育教学模式应具备如下特征：在教学指导思想上，将把社会需要的体育和高校学生需要的体育结合起来，以实现体育教学中满足社会需要与促进学生个性发展的和谐统一。在教学目标上，将围绕着 21 世纪对人才培养需求、高校学生身心特点等方面加强对学生能力的培养。教学程序中，逐步融入运动目的论的思想，让学生充分体验运动学习的乐趣；引导学生充分理解和参与学习过程；改变过去教师划一化、统一化、被动性、机械性的做法；在教学方法上，以主体性教学观为视野，提供个别化和个性化的教学方法；在教学评价上，将以学生生动活泼的学习、个性充分发展、兴趣习惯能力养成、主要学习目标的达成等为基准。

（三）体育教学模式整体优化研究

1. 体育教学模式整体优化的原理和原则

系统科学整体优化原理：按照系统科学理论的思想和观点，任何事物、过程并不是各自孤立和杂乱无章的偶然堆砌，而是一个由各个部分组成的合乎规律的有机整体，而且它的整体功能要大于各部分功能之和。

体育教学模式整体优化的原则：①整体性原则。用整体的观点考察体育教学模式，有助于我们在教学实践中科学地把握体育教学模式的结构和活动环节。②综合性原则。体育教学内容的执行和体育教学目标的实现均建立在优选的体育教学模式基础上才能完成。

2. 体育教学模式整体优化的内容

（1）根据不同教学思想优化体育教学模式

体育教学思想是制定体育教学模式的灵魂，不同的体育教学思想赋予了具体教学模式生命力，使教学模式有了明确的方向，最终去完成它预期的目标。为使教学思想条理化、明确化，使之从整体上符合学校体育指导思想的大方向，根据教材内容的不同性质，把它分类为精细教学型内容、介绍型内容。因此，这类教材的教学模式应以情感体验类模式和体能训练类模式为主，让学生在无技术难度的宽松条件下，一方面提高身体素质，加大运动负荷，可选择训练式教学模式、自练式教学模式等；另一方面通过快乐学习、成功学习，体验运动的乐趣，可选择快乐体育教学模式、成功体育教学模式等。

(2) 根据单元教学不同阶段优化体育教学模式

在精细教学类内容中，大纲规定了各个项目的学时，以确保各个运动项目单元教学任务的完成，并使学生能熟练掌握几项运动技能。在单元练习的最后一个阶段，由于学生已经基本掌握所学的运动技能，应进一步重复练习和巩固，并注意动作的细节问题，因而在此阶段应以选择能力培养模式为主。

(3) 根据不同的外部教学条件优化体育教学模式

体育教学的条件分为两类：第一，固定的一些硬件；第二，不固定的硬软件。

(4) 根据学生基础优化体育教学模式

教师是教学活动的主导，学生是教学活动的主体，主导与主体因素构成了体育教学活动的主要因素，因而在选用教学模式时，要考虑到师生的具体情况、具体特点。

第二节 常见的高校体育教学模式及应用

一、快乐体育教学模式

(一) 快乐体育教学模式概述

快乐体育教学模式指的是在以运动为基础的前提下，教学人员采用适宜的教学方法，一方面增加学生的体能，另一方面使学生从体育学习中得到快乐的体育教学模式。其指导思想是让学生在教学过程中，不仅能够学习运动技能、锻炼身体，还能够充分感受到快乐，进而培养学生终生进行体育实践的意识。

快乐体育教学中，一般会采用将游戏、比赛掺杂在教学工作中，采用初步体验—挑战学习—创造乐趣的模式进行，它没有固定的教学方式，经常会随着教学人员和学生的改变有所不同，但其最终目的都是相同的，就是让学生快乐地进行体育实践，实现身心的全方位锻炼。人民是国家的根本，国民身体素质对国家的发展至关重要，只有国民身体素质过关，才能投身于祖国的建设中，而快乐体育就是让国民快乐地、主动地进行体育实践，所以说快乐体育在我国社会主义建设中是不可缺少的。

(二) 快乐体育教学模式的特点

快乐体育教学相对于传统的体育教学模式独具特色，它有一套完整的思想体系对体育教学工作进行指导。在开展情感教学的基础上，对学生进行人格教育、身体教育，关注运动给学生带来的乐趣，充分激发学生的积极性。

1. 全面加强的素质教育

首先，快乐体育教学方式的实施不会使学生单纯地进行体育锻炼，它会让学生们在快乐中进行体育锻炼，体会到运动的乐趣；其次，快乐体育教学模式能够帮助学生在体育锻炼中开发智力，形成一种体育能力；最后，有助于全方面地培养学生的素质，如审美能力、道德品质、个性发展等。

2. 主观能动性的培养

在快乐体育教学中，真正的主体不是教学人员，而是学生，学生还是体育教学工作服务的对象，所以应当充分尊重学生的主体地位。传统的体育教学模式比较机械，忽视了学生的主观能动性，他们一直处于被动接受的地位。每个学生都有自己的思想，快乐体育教学会让学生在一种愉悦的气氛中学习，有助于学生主观能动性的发挥以及思维的开发。此外，快乐体育教学相对来说比较灵活，不会让所有学生都朝着一个目标进行发展，教学工作人员会根据每个学生的特点及长处因材施教，使每个学生在进行体育锻炼的时候达到自身的满足，在全面培养基本素质的前提下使学生的个性得到发展。

3. 主动积极的学习

主动积极的学习就是要调动学生学习的积极性，使其从厌学转变成乐学，这也是快乐体育教学的目标之一。主动与被动有着本质的区别，当学生被动接受某件事时，心情会非常糟糕，感到压抑；当学生主动接受某件事时，就会感到很愉悦。快乐体育教学就拥有这种魅力，它从根源上发掘快乐，由被动变主动，充分调动学生主动学习的积极性。快乐体育教学模式只是教学中的一项，由快乐体育教学可以推及至其他课程的教学工作，只有学生主动积极地学习，才会让受教育这一过程变得快乐。

4. 相辅相成的教学

体育教学与其他学科的教学是相辅相成的。快乐体育教学有助于学生拥有健康的身心，有助于他们进行其他知识的学习。快乐体育教学主要以体育课堂为主，课间操以及课外其他体育活动为辅，当从体育活动中获得快乐之后，会更加高兴地接受其他课程的学习。

（三）快乐体育教学模式的实施

"快乐"是一种愉快的情感体验，而乐趣则具有使人产生愉快情感体验的运动特性。

所以"快乐体育"教学强调运动与生活关联，体现主动、快乐和个性发展的效果。

1. 强调快乐体育的重要性

在传统观念中，体育课只是起到锻炼身体的作用，甚至有的老师认为体育课应该进行缩减，学生应该把重点放在文化课学习上。所以，想要真正地实施快乐体育教学模式使其发挥作用需要做到以下几点：首先，在学校里先对所有老师进行培训教育，让教师先意识到快乐体育的重要性；其次，学校的管理人员在课程设置上需要有所调整，由原来的每周一节体育课改成每周两节或更多的体育课；再次，对体育教学工作人员进行严格筛查，招聘专业的体育人员，对他们的各方面素质进行考核，使其在体育教学工作中发挥积极的引导作用；最后，举办运动会，将快乐体育思想融合其中，积极鼓励学生参加。

2. 强调快乐体育教学工作中的主体

传统的体育教学模式强调教师在教学过程中的主导地位，学生只是处于被动接受的位置，这会导致学生丧失学习的主动性、积极性，一旦学习兴趣丧失就会导致学习效率下降。而快乐体育教学与传统教学最大的不同就是弱化了教学人员的地位，强化了学生在教学工作中的主体地位。只有受教育的对象能够从思想上、行动上接受某种教学模式，从中体会到获得知识的快乐，教学人员的工作才能事半功倍。并且，每个学生进行体育学习的基础、目标以及学习方式均是不同的，教学工作人员只有根据学生的实际情况和需求因材施教，鼓励并引导学生，才能取得良好的教学效果。

3. 建立和谐的师生关系

体育教学是一个复杂的活动，它要求在教学工作中，教师不仅要培养学生的身体素质，还要对学生的思想进行引导。在传统的体育教学中，教师占主体地位，在教学工作中发挥着关键作用，学生对老师除了敬畏外，甚至会有害怕的心理产生。而快乐体育教学则强调在教学工作中和谐的师生关系是关键。和谐师生关系的建立是快乐体育教学关键的一步。首先，体育老师应该用自己良好的思想品德、高超的运动技巧、诙谐有趣的教学风格影响学生；其次，在快乐体育教学中，教师还须与学生建立一种亦师亦友的关系，让学生在课堂教育中感到轻松，真正做到在快乐中学习；最后，在课堂实践中，体育老师应该参与到学生中间，形成有效的师生互动。还须根据不同学生的性格特点进行个性化教育，鼓励学生有自己的想法，激发他们学习体育的兴趣，有助于进行终生体育实践活动。

4. 有组织地进行体育教学工作

快乐体育教学的主要目的是以运动为基础让学生逐渐认识运动、爱上运动、终生运动。这就要求体育教师进行合理的安排，首先，充分利用每节体育课，结合同学们关注的重点，增强学生对体育运动的认识；其次，通过在课堂上组织有趣味的体育游戏，激发学生对体育运动的兴趣，在游戏中进行体育锻炼；最后，在运动技能的学习过程中，要考虑学生的情绪，做好引导工作，多鼓励少批评，让他们感受运动的快乐。

二、合作学习体育教学模式

（一）合作学习教学模式概述

1. 概念

体育合作学习模式是在教学理论和实践中发展形成的、用以组织和实施具体教学过程的、相对系统稳定的一组策略或方法。体育教学模式是体现一定教学思想，并具有相对稳定的教学过程结构和教学方法体系的教学程序。合作学习是两个或者多个个体为了实现共同的教学目标而结合在一起，在小集体范围内进行思维碰撞、相互质疑、辩驳，从而取得共识、获得知识、发展思维、培养能力的一种学习模式。体育合作学习教学模式是指在教师的指导和学生的参与下，运用运动的手段，利用适宜的条件，创造一种较为复杂的运动环境，使学生通过个人的努力或与同伴进行合作学习，克服困难，完成任务，促进学生交流与协作意识双重发展的一种教学形式。

2. 基本原理

①教学过程的发展性原理。合作教学认为，每个学生都具有无限的潜力和可塑性，教学与教师又能最大限度地发挥学生的潜能。②教育过程的人性化原理。合作教学提出教师要做到以下三个方面以保证人性化的贯彻与实施：第一，热爱学生；第二，使学生的生活环境合乎人性；第三，在学生身上重温自己的青春。③教学过程的整体化原理。教学过程就是要发挥学生的自然力与生命力。④教学过程的合作化原理。在现实社会中，常常会发生学生希望成长，但也想玩，愿意学习，但不想失去自由的现象，因此教师就要做到与学生合作并从学生的立场出发组织教学。

3. 方法

合作教学需要有一种能激发学生兴趣的师生关系和一套能鼓励学生自愿参加教学活动的方法。具体方法如下：①教会学生思考。教学中，教师可以采用在学生面前一边出声地思考，一边解题，让学生耳闻目睹教师的思考和解题过程；或教师应该鼓励学生怀疑、反驳、论证此课题。②"夺取"知识。合作教学认为，教师不应把知识填入学生的头脑，而应当让学生与教师"夺取"知识，并在这种"搏斗"中体会成功的快乐。③充分利用黑板。合作教学认为板书是师生双方交流的主要手段。④学习书面语言。⑤说悄悄话。说悄悄话是课堂提问的一种特殊方法。答案对与错，由教师给予奖励、安慰等评语，有利于保护学生的积极性与自尊心。⑥由学生当老师。合作教学认为，教师应当像演员一样，在教学中与学生一起做游戏，使学生感到自己从事的是自己愿意干的重要事情。

4. 体育合作学习的心理分析

在体育合作学习中，每个学生既充当学习者，又担当教师角色，使每个学生在此过程中均有表现的机会，进而个人成就感和表现欲得到了一定满足。这种良好的学习体验会形成一种良好的心理感应，进一步激发学生的学习兴趣和求知欲望，并由此强化小组间的凝聚力，形成小组学生间踊跃参与的合作行为。从学生的体育学习心理看，大多数学生喜欢在宽松、有序的环境下从事体育活动，体育教学应该尊重学生这一心理特征，并为学生自主学习创设宽松、自由的学习环境，以培养学生体育学习上的组织能力，从而实现由"要我学"到"我要学"的转变。

（二）合作体育教学模式运用与检验

1. 适用范围与教学原则

（1）适用范围

我们认为自主-合作体育教学模式需要学生具有较强的自我控制和自我管理的能力，根据体育教学要适应学生身心发展规律，我们利用自身教学的有利条件，在高校公共体育课和中学体育课教学中进行了实践，确定了自主-合作体育教学模式最适合的范围是高中生和大学生体育课。

（2）教学原则

教学原则是保证教学效果的基本要求，运用自主-合作体育教学模式除了应遵循一般的体育教学原则外，还应把握以下原则：①自主性原则。教师应尽量设法提高学生学习的自主性。②情感性原则。自主-合作体育教学模式更应重视情感教学，教师富有人情味的教学，可以促使学生更自觉地趋向学习目标。③问题性原则。教学必须带着问题走近学生，问题设计要针对学生的实际，要科学地动用教育学、心理学的理论分析课堂教学的各个组成因素。④开放性原则。主要包括三个方面，一是课堂教学形式要有开放性；二是课堂问题设计要有开放性；三是由点到面、由此及彼地去解决学习中的问题。

2. 合作体育教学模式的意义

首先，"合作学习教学模式"以尊重的教育理念为指导思想，符合现代教学理论的基本要求，其实验研究从时代特征和学生的特点出发，具有一定的现实意义。其次，"合作学习教学模式"有效地利用系统内部的互动，使教学资源得到开发和利用，提高了学生的参与意识。改变以往传统教学中"讲解练习"的教学模式，利用组内成员的互帮互学，可以使学生产生愉快的心理体验，从而养成终身锻炼身体的习惯。"合作学习教学模式"鼓励学生一起去达到目标，增加同学之间的交往，有效利用竞争与合作，培养学生的集体责任感和荣誉感。

三、俱乐部体育教学模式

（一）体育俱乐部教学模式的概念

体育俱乐部教学是由学生自主选择教师，同时根据教学条件开设相应的项目，系统学习该项目的原理与方法、组织与欣赏等方面的知识与能力培养的方法，从而达到真正掌握一至两项终身从事体育锻炼运动项目的一种教学模式。体育俱乐部教学注重培养学生的体育兴趣，提高学生的体育能力，以教学俱乐部这种形式进行教学。这种方式的教学注重知识性和趣味性，理论和实际相结合，发挥学生的主观能动性和创造性，让学生积极参与，使学生在体育锻炼中体验到快乐感、成就感，达到培养学生参加体育锻炼的意识，提高学生运动能力的目的。学校体育俱乐部式教学模式是以培养学生终身体育意识、习惯和能力为主的教学方式，它能够把学校体育与社会体育有效地衔接，并最终使高校体育向终身化方向发展。

（二）高校体育俱乐部教学模式的特点

1. 参与的自愿性

许多学生喜欢高校体育俱乐部教学模式，他们认为这种教学模式最大限度地尊重其个人发展的意愿和兴趣，在学习过程中的积极性可以得到充分的调动，教学手段和管理较为开放。同时，在体育俱乐部教学过程中，同学们还可以获得充分表现自我、施展才华的机会，在体育学习和活动中每位同学都存在维持小群体利益的思想，这样有利于在教学当中保持利益小群体的存在，增强学生学习的积极性和主动性。

2. 目的的多样性

参与的目的多样性是体育俱乐部教学的另一大特征，有的学生喜爱俱乐部教学模式是为了满足自己的兴趣，而且能够进一步提高运动技能；有的是为了缓解日常学习的压力，舒缓身心；有的是为了提高自身的沟通交往能力，还有一部分同学把参加体育俱乐部教学这一学习过程作为提高自身社会适应能力的一个良好机会。总之，体育俱乐部教学模式为每一个同学都提供了锻炼和提升自己的平台。

3. 内容的丰富性

各个高校的体育俱乐部教学都设置了诸多项目，比如足球、篮球、排球、乒乓球、网球、羽毛球、民族传统项目、新兴体育项目等，有的高校甚至根据当地的自然地理环境设置了具有当地特色的项目，比如攀岩、龙舟等。体育俱乐部是对传统体育教学的一种突破和创新，延伸和丰富了传统的体育教学内容，学生的学习热情和积极性得到最大的激发，因此也更有利于促进和提高学生身心发展水平，促进了高校体育教学改革。

（三）高校体育俱乐部教学模式的优势

1. 有助于调动教师的教学积极性，提高其教学水平

体育俱乐部教学模式突破了课时的限制，实行互动、开放的教学，并很好地引进了竞争机制，将学生置于主体地位，学生可以自主选择自己喜欢的体育运动项目和体育教师，使教师在教学中更轻松、授课更生动。如此一来，就会在无形中调动教师教学的积极性，提高其教学水平，达到预想的教学目的。

2. 有助于实现体育教学的教学目标

体育是实施德育、智育、美育等的重要前提和基础。体育俱乐部正朝着"快乐化、生活化和终身化"的方向发展着，尊重学生个性的同时向学生传授体育知识，提高他们的体育技能，这正是当前素质教育背景下所积极倡导的。体育俱乐部教学模式的应用更有利于实现高校体育教学的健康、娱乐、生活、竞技等全方位的体育教学目标和教学理念。

3. 有助于提高学生的运动技能水平，帮助学生确立健康体育的思想

体育俱乐部教学模式在教给学生体育知识的同时还教给了学生体育运动技能，培养了学生健康运动、终身体育的思想。体育俱乐部是以学生为主体的群体性活动，他们有着共同的爱好和兴趣，通过举办各种体育竞赛和趣味活动，让学生在交流中提高运动技能，拓宽知识面，建立健康体育、终身体育的思想。

4. 有利于校园文化的建设

体育俱乐部是一种新型的校园体育文化活动，满足素质教育的要求，也符合当前高校的实际要求，逐步被高校师生所认同，同时也成为高校校园文化的热点。体育俱乐部的建立无疑给校园文化添上了浓墨重彩的一笔，它将许多兴趣爱好相同的学生融合在一起，集

娱乐、健身、竞赛为一体，让高校的体育活动呈现一派生机勃勃的景象。

(四) 高校体育俱乐部模式的实施

1. 加强对学生运动安全的重视，完善急救应对思路

高校体育俱乐部的学生往往缺乏对安全的认识，在运动的过程中不能够辨别危险，所以高校体育俱乐部想要对教学模式进行规范化的建构，体育教师必须要加强对学生运动安全的重视，这既是责任，也是义务。具体地说，高校学生往往比较活泼好动，无论是打篮球还是跑步，抑或是打羽毛球等，都可能会出现运动损伤。由于他们对于力度不能够进行准确的把握，再加上学生们的协调能力有好有坏，所以在参与各类具备一定强度的运动过程中，很容易会出现身体损伤，这是运动风险的一种体现。

如果在教学过程中出现了这种运动风险，高校体育俱乐部教师就必须要及时地对其进行识别，明确学生出现运动损伤的原因以及损伤的基本情况，如果受伤不严重，那么高校体育俱乐部教师就应该教会学生如何正确地参与运动，让他们能够明白自己的一些动作是存在运动风险的，很可能会造成十分严重的后果；而如果受伤较为严重，教师就必须及时地对其进行处理。总而言之，当高校体育俱乐部教师加强对学生运动安全的重视时，那么学生就会在思想上认识到自身行为所存在的运动风险，进而减少体育运动中出现运动损伤的情况，从而为教学模式的规范化构建打下基础。

2. 营造良好的校园体育氛围

从高校体育俱乐部教学模式规范化构建的基本情况来看，各个高校体育俱乐部的水平普遍不高，之所以如此，主要是因为校园体育氛围缺失。对于学生来说，良好的校园体育氛围不仅可以对学生进行积极向上的性格培养，更能够对学生自身的积极意识进行激发。对宽松的校园体育氛围进行营造，需要高校体育俱乐部教师对学生一视同仁，教师要学会关注每个学生，尊重每个学生。对于在体育方面表现一般的学生，教师应该对其进行鼓励，及时发现他们的进步，长此以往，学生便会在校园生活的过程中获得愉快的感受，从而为高校体育俱乐部教学模式的规范化构建打下基础。

3. 重视学生主体地位

对高校体育俱乐部教学模式进行规范化构建，需要迎合课程改革的要求，使整体教学过程更加符合教学模式的标准。高校体育俱乐部教学模式的规范化构建，建立在高校体育俱乐部教学模式基本价值取向的基础上，在经过了数十年的发展之后，高校体育俱乐部教学价值取向基本合理，但仍然不完善，这也体现了高校体育俱乐部教学模式规范化构建的

必要性。

高校体育俱乐部教学模式主要集中在促进学生体育水平提升、促进学生体育心理形成的方面，但并没有对学生的主体地位进行重视，教师可能认为，自己的一切教学手段都是为了更好地符合高校体育俱乐部教学模式的价值观，这就可能导致学生的主体地位被忽略。对高校体育俱乐部教学模式进行规范化构建，需要在保证学生健康水平的基础上，重视学生的主体地位，了解个体差异，保证学生更好地受益。

高校体育俱乐部教学模式的规范化构建能够对正确的健康观进行确立，保证基本素质教育的价值取向。总而言之，高校体育俱乐部教学模式的规范化构建，能够让高校学生的体育水平得到提高，同时可以对其健康意识进行培养，最终促进其人格的完善，这也使得高校体育俱乐部教学模式的规范化构建具备了必要性。

4. 注重教学模式的实践性

在理论方面，想要规范化构建高校体育俱乐部教学模式，教师就必须要注重教学模式的实践性。在如今的情况下，体育教师必须要扩大教学模式、教学范围，除了在课堂进行教学之外，还应该鼓励学生多多参与课外体育，将课外体育纳入教学模式当中。具体的方法可以给学生下达课外体育学习任务，让他们自主地感受体育，消除对课堂内学习的被动因素，化被动为主动。在实践过程中，教师需要争取做到将校内体育与校外体育相结合，破除把体育教学与体育课堂等同起来的观念，让学生走进体育实践，按照自己的理解，学习体育，掌握体育，领悟体育。

第三节 高校体育教学模式的发展

一、应用型体育人才培养模式创新实践

（一）应用型体育人才培养的模式

应用型人才培养的主要目标着眼于服务、生产、管理、建设等方面，重视能力、素质、知识的全面发展。应用型人才培养的教育活动与课程设置都是围绕"培养应用型人才"的目标展开的。体育教学作为高校教育教学的重要组成部分，对大学生的身心发展具有重要作用。相较于其他学科，它具有鲜明的实践性和应用性。同时，当前社会经济发展需要大量应用型人才，因此高校应当结合体育教学的优势特点和社会发展需求，革新体育

教学模式，开展丰富多彩的体育教学活动，打破传统体育教学的框架，以学生的个性需求为出发点，切实做到因材施教，充分挖掘学生的体育潜能。此外，还应当根据就业导向及时调整体育教学计划，制定应用型人才培养目标，提升体育专业学生的社会适应能力和就业竞争力。

（二）高校体育应用型人才培养的教学实践策略

1. 提升教师队伍素质

教师是应用型体育人才培养的重要因素，教师队伍素质的高低对应用型体育人才的培养具有直接影响。因此，若要提升应用型体育人才质量，就必须重视师资力量。应用型人才培养目标要求体育教师打破传统体育教学模式的束缚，广泛调查和了解体育专业学生的学习兴趣、专业基础、实际需求等，并在实际教学中有机融入社会、心理、能力、人文等诸多领域知识，增强体育专业学生的综合能力。此外，应用型人才培养还要求高校体育教师要不断学习，丰富自身的知识储备，扩大自身文化视野，提升自己的组织、管理和设计能力，增强自身的综合素养。同时，高校体育教师还应当与其他学科教师以及教学管理者沟通，了解学生的实际情况，进而寻找合适的教学切入点。此外，高校体育教师还应当与其他高校的体育教师联系，及时了解最新的体育教学信息，以及社会人才需求，进而制订具有针对性的应用型人才培养计划，增强体育教学的计划性和系统性。

2. 完善教学评价体系

若要提高高校体育教学效率，就必须制定切实可行的教学评价制度，对体育专业学生的专业实践和学习成绩进行科学评价。高校可以记录体育专业学生在各个阶段的专业学习和实践成绩，并对其进行综合分析，在研究与思考的基础上，及时调整体育教学计划，并适时将分析结果反馈给学生，促使学生在之后的体育学习中进行自我修正和完善。需要注意的是，高校教师要及时向学生公布每个阶段和环节的量化分值，使学生明确自身的阶段性任务，并有计划地开展体育学习和锻炼。体育教学评价要求教师将过程性与结果性、理论性与实践性有机结合在一起，增强评价体系的科学性和公平性。

3. 采用多样化教学方式

在培养应用型体育人才的过程中，教师应当充分尊重学生的主体地位，全面考虑学生的兴趣、能力、基础和性格特点，从学生的实际情况出发，并结合社会人才需求，制定多样化的教学方式。例如，可以举办体育文化节，以图片展、知识竞赛等形式，帮助学生了解相关的体育心理、知识和技能；在专业之间、学校之间举办体育竞赛，一方面可以激发学生的参与热情，另一方面也能够增强学生的实战能力；可以结合社会实际举办针对体育专业的招聘会，帮助体育专业学生了解当前社会对体育人才的各种要求，以便他们进行针对性学习和锻炼。

4. 丰富实践教学内容

传统的体育教学实践模式过于单一，这不仅不符合当前的社会人才需求，而且不利于激发学生的参与积极性。因此，高校应当丰富体育教学的实践形式和内容，促使体育专业学生主动参与到实践活动中，并在实践中检验和巩固习得知识，将基础理论知识转化为实际操作能力，促使自己逐渐成长为符合当今社会要求的应用型人才。高校不仅要积极开展校内体育实践教学，还应当及时与校外相关企业和单位联系，加强校企合作，为学生提供更多的实习机会和平台。比如，组织体育专业学生到中小学进行体育教学，或到社区进行义务传授体育锻炼技能、在社区开展体育问卷调查等。丰富多样的实践形式，一方面能够提高学生的参与兴趣，另一方面也能够多角度提升学生素质。

二、创新型体育人才培养模式的实践途径

（一）高校体育专业教学模式改革是培养创新型体育人才的有效途径

1. 采用操作式教学，培养学生的实践能力

现实社会需要的人才，是能干事、会干事，尤其是能创造性地干好事的人才。因此，高等教育要面向社会，面向实践，更新教学理念，改进教学方法，培养创新人才。首先，课程设置要适应实践的需要。应当根据形势的变化、实践的发展、社会的需求设计课程，使学生所学为实践所需，学以致用。其次，教材编写要紧扣实践。作为大学教材，既需要有一定的理论深度，又需要紧密联系实际，要有更多有利于培养学生创新能力的内容、实例、方法和经验，使学生通过学习，掌握操作的理论与方法、过程与环节，既知其然，又知其所以然。最后，教师课堂讲解和示范要多方式、多手段、多角度。立足长远，着眼当前，把书本的内容具体、生动、形象地讲清楚，既注重能力培养又注意实际操作，既注重课堂演讲又注重实际示范，既注重理论阐述又注重具体实践。

2. 采用开放式教学，培养学生的创新能力

在高校体育专业教学过程中，建立民主、平等、和谐的师生关系，使学生大胆交流，敢于创新。教师是课堂气氛的调节者，在课堂教学中，教师应以平等的态度去热爱、信任、尊重学生，满足学生的发表欲、表现欲，鼓励学生大胆创新。在体育学习过程中，提

倡自主学习、自主活动的时间和空间，使学生有机会创新。学生在学习过程中，不受教师"先入为主"的观念制约，有足够的思考时间，享有广阔的思维空间，不时迸发出创新的火花。教师在评价时，实施开放性评价，要树立发展性的评价观，多给予鼓励，诱发学生内在的潜力，切实让学生体验到成功的快乐，通过激励使学生产生积极的情绪体验，保护其创新的热情。

3. 采用激发式教学，培养学生的探索能力

一是用目标激发。在科技竞争日益激烈的今天，高校培养的学生，必须具有很强的探索创新能力，没有敢于思考、敢于探索、敢于领先的能力，将难以在激烈的竞争中找到立足之地，也难以在科技创新中有所作为。因此，高校体育专业要为学生确立一定的发展目标，按照设计目标的要求，制定具体的措施和办法，多方式、多渠道地加强对学生探索能力的培养。二是用形势激发。当今世界，谁在科技竞争方面占据优势，谁就在经济、科技和综合国力竞争中掌握主动权。因此，学校要充分利用这种形势，教育学生充分认识压力和挑战，不畏艰难，勇往直前，刻苦学习，大胆探索。三是用需求激发。一个国家要在激烈的国际竞争中占有一席之地，就必须拥有大批敢于探索的拔尖创新人才，在各个领域不断探索，只有这样才能促进国家经济的发展和综合国力的提升。因此，高等学校体育院系要教育学生树立强烈的使命感和责任感，树雄心立壮志，为了国家的发展而大胆探索，为了民族的振兴而大胆创新。

（二）高校体育专业创新型人才培养的保障措施

1. 加强高校体育师资队伍建设

加强高校体育师资队伍建设，是我国高等教育整体发展战略中的重要组成部分，只有教师具备高素质，才有能力推动创新教育，只有具备创新意识和创新精神的教师，才能适应21世纪的挑战，才能在教学中更好地对学生进行启发式、探究式的教育，培养学生的创新能力。因此，教师自身素质与教学观念决定着教育的质量和教育水平。为适应知识经济的发展要求，高校体育院系亟须一支知识结构合理、学术水平高、适应能力强和乐于奉献的师资队伍。

2. 强化学生创新精神的培养和创新人格的塑造

创新精神是创新活动的前提。一个人如果没有创新精神，就难以开展创新活动。强化创新精神教育，首先，必须强化创新动力观教育，要让学生认识到创新既是民族生存的手段，又是学生个体发展方式的导向，克服甘于守成的思想障碍，培养学生乐于创新的精

神；其次，强化创新主体观教育，坚持知难而进、敢于创新的精神；再次，强化创新价值观教育，坚持正确处理个体价值、群体价值、国家价值的辩证关系，走出单一发展的思想误区，培养学生有效创新的意识；最后，强化创新协同观教育，培养学生合作创新的意识。创新人格是创新人才的情感、意志、理想和信仰等综合内化而形成的一种进取力量。这种进取力量通过自身的主观能动性的发挥，变为富有成效的创新实践活动。因此，在创新人格的培养和塑造过程中，要引导学生在自觉中培养自信，敢于迎接挑战的勇气，坚强的意志和能经受挫折、失败的良好心态。

3. 营造创新型体育人才成长的环境和氛围

创造性来自个人智慧和潜能的自由发挥。因此，要努力建立起一种有利于激发高校体育教育专业学生创造动机，发挥他们创造性才智和潜能的民主、宽松、自由的学习环境；鼓励和倡导学生积极参与各种学术活动和体育教育改革；加强体育教育实践环节，除抓好实验课教学、毕业实习和毕业论文的设计和研究外，还应提倡开放办学，创造条件鼓励学生走出校门，参与社会体育实践活动。

4. 将创新意识和创造能力作为学生考核的重要内容

课程考试、教育实习和毕业论文是高校体育专业学生学业考核的三大组成部分。在课程考试中，要改革以往考核的方式方法，加强考题设计的灵活性，重视对学生比较、分析、综合能力及创造性思维的培养；在教育实习过程中，对学生在教学思路、教学设计、教学方法和教学组织等方面所表现出来的创新思想和创造行为给予充分的肯定和积极的评价；在毕业论文的选题和研究过程中，强调求新、求异、求实的思维方式，提倡不唯上、不唯书、不唯师，勇于开拓和探索的作风。

三、"五重型阶梯式"人才培养模式的体系构建

（一）"五重型阶梯式"人才培养模式教学资源体系的构建

1. 更新人才培养方案，建设特色专业培养方案

这就要求学校要使核心主干课程更加明晰，"多能一专"特征明显，师范性更加突出。新的培养方案，一是突出了"多能一专"中的"专"的技能培养，新生一入学就开始进行专修；二是师范性的特征更为明显，增设了教师教育必修课程和选修课程模块；三是注重学生实践能力的培养，教育实习由以前的8周改为16周，大大提高了学生的教学技能；四是实验教学改革特色明显。运用教育学、心理学以及体育教学与训练的基本理论，熟练

掌握体育教学的基本方法与手段，培养学生具有良好的教师职业素养和从事体育教学、教学研究的基本能力。了解学校体育改革与发展的动态以及体育科研的发展趋势，使学生掌握基本的科研方法，具有一定的自学能力和体育科研能力。要求学生掌握一门外语，能阅读本专业的外文书刊；掌握计算机的基础知识、应用知识和现代教学手段。主要课程设有田径、体操类、球类、武术、运动解剖学、运动生理学、体育保健学、学校体育学、学校教育学、心理学、德育与班级管理、体育课程与教学论、"三字一话"、教育见习、教育实习等。

2. 依托实验教学平台，构建"立体交叉式"的实验教学改革体系

依托"双基合格实验室"的评估，通过"运动人体科学实验室""体适能与运动康复实验室"的建设等，遵循"自主学习、自我训练、自主设计、自主实施与自主评价"的自主创新原则。树立先进的教育理念，坚持"以人为本"，确定"以实验项目为载体，强化专业特色、重视过程培养、综合训练与自主创新"的改革思路与目标。"以实验项目为牵引，强化课程，重视过程、综合训练与自主创新"，通过集约式整合，多门实验课程进行整合重组，构建"立体交叉式"的实验教学改革体系框架，实现"实验教学、创新教育与实践教育"三个平台及各个环节的相互交融。重视实践教学环节，逐步完善实验课程建设。

3. 依托教育教学实践基地，完善分阶段多形式的教育实践体系

根据体育教育专业学生成长规律，对学生的培养涵盖专业思想教育，从理想教育、教学观摩、模拟实习、教育见习、技能训练、综合实践、教育实习和教育研习在内的实践教学内容体系，使学生通过系列实践，在大学四年期间每年均有不同的收获。逐步完成"循序渐进、逐步养成、四年阶梯式"的教育实践组织体系，同时建立稳定的教育实习基地，并强化教育实习与专业实践的管理。

4. 依托课外实践教学活动，完善全方位立体化素质养成体系

学生的自选实践活动包括专业社团活动（老年人保健协会等）与社会实践（例如，健身、休闲等机构的体育指导员、教练员）和实验室见习等，建立大学生创新研究会、老年人保健协会、青年志愿者协会、健美操健身俱乐部、街舞协会、体育舞蹈协会等学生社团。同时，组织学生到多个地方开展暑期实践活动，使学生逐步提高在实践中发现问题、解决问题的能力，逐渐完善和提高自身的综合素养。

(二)"五重型阶梯式"人才培养模式教学保障体系的完善

1. 实施教师能力提升计划,促进教师教学水平

为了加强引领示范,造就一批过硬的教学队伍,坚持以人为本的方针,采取有效措施,鼓励和吸引高水平的教师进入教学队伍,努力优化教学队伍的年龄、知识、学历、职称结构,形成结构层次合理的高素质教学团队。支持年轻教师报考博士研究生,加大对教学人员的培训力度,鼓励继续培训和教育,切实提高教学人员的综合素质和教学能力。同时,在政策和待遇上给予倾斜,造就一支高质量、高水平、结构合理、相对稳定的教学队伍。

2. 教学管理制度改革,教学管理队伍专职化

实现网上选课、挂牌上课制度,实现一人多课、一课多人、考教分离,教、学双方互评互查。教学管理部门每天进行教学检查,每月开展比课、查课、示范课、研究课活动,每年进行教学比武。教学大纲、人才培养方案、考试大纲、教案定期检查评比。规范学生本科毕业论文开题与写作,强化教育实习与专业实践管理。综合性、设计性和研究创新性实验的比例达到100%,实验室全部对学生开放。

3. 加强教材教学资源开发,建设优质资源

紧跟学科发展前沿,改革教材内容。通过更新、增设专题等方式,将学科前沿知识融入教材与教学过程中,重视培养体育教育师范生的学术性和专业化。学科专业带头人和骨干教师大多参与了国家和省部教材开发建设,经费资助立项编写与体育专业特色建设配套的教材。

4. 加强精品课程资源建设,推进网络课程开放共享

完善体育教育专业课程体系,夯实师范专业基础。按照专业、专项的结构,完善师范生应具备的基础课程、专业主干课程和模块方向课程,申请省级和校级精品课程。建设网络课程,其中涉及理论学科和技术学科。此外,成立了网络办公室,并购置了近百万的摄像、视频处理等器材,建成了一流的网络共享平台,能及时使各种信息资源达到共享。

第四节　运动教育模式引入高校体育教育的探索

一、运动教育模式概述

（一）运动教育模式的结构特征

1. 运动季

运动教育模式形象地把一个教学周期称之为运动季，具体包括练习阶段、季前赛阶段、正规比赛阶段和季后赛阶段。它与传统的体育教学单元存在不同，运动赛季的时间跨度较传统教学单元要长，一般是传统体育教学单元的 2 至 3 倍，原则上不应少于 20 课时，对它的具体阶段分析如下。

（1）练习阶段

在运动季的开始阶段即练习期，在这一阶段的教学，通常都是教师采用直接指导的教学方法为主，对学生在练习期所涉及的运动技能和理论基础（包括竞赛规则与裁判知识）进行系统的教学与示范演练等。

（2）季前赛阶段

通过第一阶段的练习后，学生初步掌握了相关运动技能的技术要领和基本的理论知识，随后便进入了运动教育模式季前赛阶段。在季前赛阶段，学生则通过合作学习、同伴教学等方法按照既定的学习进度与练习计划进行自主性巩固学习和各团队协作练习，模拟比赛环境进行内部比赛演练以及裁判员、记录员等角色的练习与实践，教师则在旁边适时对其进行指导和纠正。

（3）正规比赛阶段

当教学进入正规比赛阶段之后，学生的主要学习任务就是按照练习阶段策划的比赛赛程进行正规的比赛活动，各成员扮演不同角色与担当不同责任，为了比赛的顺利进行与获得比赛的胜利而共同努力与协作。在正规比赛阶段，一切都是按照决赛要求进行比赛的，各团队为了获得比赛的胜利，也更加积极与主动地参与团队练习巩固提升专项运动技能，在依据比赛规则的前提下，充分分析比赛对手并具有针对性地制定战略战术。最后，就是安排学生做好相关数据的收集与记录的操作性练习。

（4）季后赛阶段

通过竞赛阶段的练习与比赛之后，成功闯入决赛阶段的小组继续以团队为单位进行季后赛阶段的比赛（季后赛通常采用循环赛，目的是让各团队与成员尽可能地扮演不同角色、不同程度地参与到季后赛的比赛中），并排列出最终决赛的团队名次。

2. 团体联盟小组

在该模式中一个运动季开始之前会按照一定的要素（具体要素包括学生的自主选择、运动能力、性别比例、理论知识水平等）综合将学生划分为若干个整体实力相当的团队。在接下来的整个运动季中，学生们则以固定的团队联盟（或分组）来从事学习活动，并一起拟订学习计划，制定比赛策略并实施练习，创建小组的特色文化，体验成功与失败，捍卫小组的集体荣誉等。最终，这种团队联盟将有效地促进学生团队意识的形成。

3. 正式竞赛

在运动季的整个教学过程中都是以比赛活动为主线，正式竞赛则是其中最为重要的组成部分，它赋予运动季真正的含义。这种比赛活动将贯穿于各个不同练习部分与不同发展阶段中，其比赛形式多种多样，具体包括分组循环赛、对抗性练习、淘汰赛以及年级联赛等。

4. 角色扮演

在该模式的教学进行中，每一位学生都将充当或扮演着多种且不同的角色，时而为学习者，时而又充当着团队的组织管理角色等，具体角色包括管理员、学生、裁判员、记录员、啦啦队员等，这些角色的扮演将有助于发挥学生所长并增强学生对角色定位的认识与理解。

5. 责任分担

该模式有一个明显不同于传统体育教学的特征，那就是团队成员之间的责任分担制，在小组中每个学生都有其不同的责任、发挥着不同的作用，大家都为小组的荣誉而共同努力。通过这种责任分担制，一方面能够有效增进学生与学生之间的沟通与交流，有助于联络学生间的感情和提高心理品质；另一方面则能够极大培养学生独立担当的能力并增强其集体主义荣誉感。

6. 最终决赛

运动季的完成将以最终决赛的完成而正式结束，然而，该模式的决赛中具备正式的比赛计划和团队分组联盟，这也是区别于传统教学单元中的决赛。运动比赛的实质就是竞争，通过了前期不同竞赛阶段的比赛和专项运动技能的巩固与提高，决赛阶段将提供一次更具观赏性、竞争性以及充满战术谋略的竞赛机会。通过最终决赛的进行，它将有益于强化运动季的重要性并赋予整个运动季丰富的内涵，强调学生的全面参与性与欢庆气氛的营造，让学生能够体验到最终胜利的喜悦和接受比赛失利的坦然，与此同时，积极引导学生认识决赛的快乐层面应超过竞争层面。

（二）运动教育模式的目标

通过运用运动教育模式的教学，使学生在较为真实而丰富的运动情境中得到充分体验与发展，最终把学生培养成为具有良好运动技能、高度运动热情以及良好的运动文化素养的人。

1. 培养具有良好运动技能的人

该模式的首要目标就是培养出具有良好专项运动技能的人，具体指能够熟练掌握与应用专项运动技术，拥有参与多种比赛的运动技能，能领会运动技战术的合理运用，以及针对较为复杂的运动情境提出解决对策且具有扎实而丰富的运动专业知识。

2. 培养有高度运动热情的人

该模式试图把学生培养成为一个具有高度运动热情的人，具体指受过运动教育的人不仅应该积极参与和学习不同地区、不同民族的运动文化，运用不同的视角去了解某项运动，提高其运动文化水平，让运动成为他们日常生活中不可分割的一部分，而且他们还应该积极地继承、传播、创新和发展各种运动文化，表现出极大的运动热情，把运动参与内化成动力，并养成终生体育锻炼的习惯。

3. 培养具有良好运动文化素养的人

运动文化和人文素养的教育自始至终贯穿于整个运动教育模式的教学之中。具有良好运动文化素养的人则应更多地理解和尊重运动规则、礼仪及民族传统习俗，对于不同种类、不同形式、不同地区的运动文化都应通过直接或间接的方式参与到其中，且具备一定的认知辨识和观赏能力。

二、我国高校体育引入运动教育模式的必要性和可行性

（一）引入的必要性

1. 操作程序化

运动教育模式的特点就是将教学目标合理设置到具体教学实践过程中，具有较强的可

操作性。在其教学过程中,学生既是学习者,又充当着组织管理角色,通过探索与发现,同伴之间相互沟通与交流以及自主学习等共同完成所教授的学习任务。教师在这一阶段中主要进行引导教学、辅助练习和纠正错误,适时充当着教练员的角色。我国体育教学改革的目标主要包括运动技能、运动参与、心理健康、身体健康以及社会适应五个方面。其中,教师最难把控的就是运动参与和社会适应两个目标,基于我国当下的实际情况,多元化的运动教学模式或许能为我们提供一些新的改革方向和教学启示。

2. 目标多元化

运动教育模式的教学基础是运动技能的学习与掌握,教学目标的多元化更是其特色之所在,运动教育模式在实施教学过程中要求每一位学生都有自己所充当的角色,并担当其角色所赋予的职责和任务。这些角色具体包括有组织管理员、学生、教练员、裁判员、统计员、宣传员以及发令员、记时员、啦啦队员等多种角色。组织管理员则要求组织和统筹协调管理整个比赛活动的有序进行;学生则要求学生不畏艰苦、勤奋努力、认真学习和掌握运动技战术;教练员则要求部署比赛战略战术及选派队员出场顺序与位置;裁判员则要求熟悉竞赛规则,熟练比赛执裁,保障比赛的顺利进行;其他角色也都有与其相对应的职责和任务。与此同时,在运动教育模式的这种目标多元化教学过程中,每一位学生在体验所充当的角色时,可以适当进行角色的互换,从而调动学生积极参与的热情,培养学生的学习兴趣,发挥学生学习的积极性,使其技术水平在比赛活动中得到进一步的巩固与提升。

3. 知识系统化

传统教育模式在教学过程中强调对体育专业学生运动技能的学习和掌握,对裁判、战术运用、比赛礼仪和体育文化等知识的教授不足,一般是在理论课程中穿插介绍,缺乏系统教学与实践操作的机会。因此,学生对所学专项运动的全面知识了解甚少,且未能在实践中得到运用和提升。运动教育模式具备一套完整的理论体系,通过整个运动季的教学比赛活动,他们得以学习更为系统而全面的运动知识。在运动技能学习与掌握的同时,引导学生对裁判员、教练员、记录员等不同角色的扮演,使他们更为深刻地学习裁判知识、竞赛规则、比赛技战术的制定及运用,让学生能在比赛中学会尊重运动规则、运动礼仪以及运动的传统习惯。这使得他们能够辨别运动行为的善恶,将来无论是参与比赛还是作为球迷、观众,都能够成为有运动素养的人,进而更为系统地掌握专项运动技能的知识。

(二) 引入的可行性

1. 运动参与

在高校体育教学过程中，运动的参与是不可或缺的重要部分，同时也是体育专业学生发展运动技能、增强学生体质、增进学生健康和养成良好的运动锻炼习惯的重要途径。对此，在具体实践教学过程中，教师应高度重视学生积极参与活动并引导学生投入真实而丰富的运动情境中，从而提高学校体育教学的学生参与度并享受运动参与所带来的快乐与成功的体验，"人人参与""健康第一"的教学理念及原则正是运动教育模式所倡导的。运动教育模式在具体教学中强调针对不同水平的学生设置与之相适应的教学内容及活动比赛，使学生全面参与到体育教学中，通过扮演不同角色，体验不同角色所赋予的责任与义务，最终让每一位学生都能体验到运动的乐趣，并得到不同水平的提高与发展，培养其运动热情，养成锻炼习惯。

2. 健康心理的需要

我国传统的体育教学在受凯洛夫教育理论的影响下，片面强调运动技能和发展学生体质为目标，忽略了学生心理健康目标；片面地强调传统体育运动的认知和身体联系的过程，忽略了学生的兴趣爱好和情感需要。体育教学不仅有助于增强体质，而且在心理健康方面有着积极的作用，这已是体育教育界不争的共识。运动教育模式在体育教学过程中就非常注重学生个性化培养与发展，重视学生的心理健康与情感需要。

3. 社会适应能力的提高

体育教学活动因其自身的特殊性，它既是一种身体活动、社会活动，也是一种心理活动，不仅能增强体质，增进健康，而且对社会适应和心理健康方面都有积极的作用。社会适应能力的高低也被视为评判一个人身体健康与否的重要标志之一，对此，可以选择通过体育锻炼来逐渐增强社会适应能力。

第六章　高校体育教学方法的改革

第一节　大学生体育教学方法改革的路径分析

一、高校体育教学观念的更新

体育教学方法是为实现教学目标和提高教学质量服务的。体育教学方法与其他学科教学方法最大的区别就是体育教学方法是从竞技体育的训练方法演变过来的，是一种带有"训练"为主而不是以教育为主要目标的过程。传统的体育教学方法是以运动技能的形成为中心，以运动技能学习指导为主要内容，研究体育教学局部内容的教学方法。传统的体育教学方法以教材、教师、课堂为中心，以教师为主导，重视教法的单向传递，强调健身功能，统一技术动作规格与标准，教学方法和形式单一、枯燥。现代体育教学方法强调人的发展和社会的效应，课堂、社会生活有机结合。现代体育教学方法以教师为主导、学生为主体，教法与学法双向传递，强调学生的创造性、自学和自练能力，社会生活与个体需求相结合，健身与健心相互协调统一，重视学生的个体差异和个性的全面发展，教学方法和形式多样。现代教学方法弥补了传统教法中忽视学生的主体性、忽视学生的个体差异、忽视对知识的理解、忽视与社会的协调等弊端。

高校教学方法改革要以启发式和讨论式为主。这从宏观上给高校体育教学方法改革阐明了理论依据。观念是行动的灵魂，教学观念对教学起着指导作用。更新教学观念，是高校体育教学方法改革的首要任务。高校体育教育工作者要把教学观念统一到素质教育的要求上来，不断推进体育教学方法改革。

二、进一步明确教学目标

体育教学是一个动态系统，它由多种要素组成，包括体育教学方法。体育教学的各项活动都要紧紧地围绕教学目标来进行，体育教学过程中的各个因素都是为体育教学目标服务的。现如今，我国的高校体育教学目标，尤其是大学一年级的体育教学目标很多都是在中学阶段完成的。其主要是由于中学阶段片面追求升学率,学校体育受到排挤,使得中学体育教学大纲里的很多内容不能完全实施。新时期的高校体育教学目标应通过体育选修课、俱乐部、讲座、协会等多种形式来满足大学生健身、健美、娱乐、竞技的不同需求,进一步提高大学生的综合体育素质,而不应该只是打基础,还要学习和掌握体育方法。高校体育应该向生活体育、娱乐体育、愉快体育、文化性体育发展。除了培养大学生掌握一些常用的、可以作为终身学习的技能之外,还要使他们学会欣赏体育,培养对一些体育的社会问题和价值观进行判断的正确态度。改革高校体育教学方法,就要最大程度地调动学生学练的积极性,引导学生通过最佳学练的途径实现体育教学目标。

三、教学内容改革与教学方法改革要同步进行

辩证法认为,事物的内容决定事物的形式,内容是第一性的,通过形式来表现。体育教学方法的选择应该根据体育教学内容本身的特殊性来确定。当前,在很多高校体育课堂上,体育教师表现在教学方法上的单一性、简单化、形式化等状况,有很大一方面是由于教学指导思想陈旧、教学内容多、学生人数多、教学时数少、场地器材不足等因素造成的。从目前高校体育课程的内容来看,智力因素的内容过多,非智力因素的内容偏少,导致教学中只重视智力开发,而忽视非智力因素的培养,这是造成所培养的人才难以适应社会需要的一个主要原因。

体育教学内容将从"以运动技术为中心"向"以体育方法、体育动机、体育活动、体育经验为中心"转移,但这并不意味着对运动技术教学的否定,而是要相对淡化课堂中的技术教学。不过,具体的教学内容将根据社会体育的发展、学生个体的需求以及学校的教学条件等进行调整。非竞技运动项目、娱乐体育项目及个人运动项目的内容比例将加大,内容的广度将拓宽,包括理论、技战术、保健、身体素质等方面,呈现多样化的趋势,内容的深度强调可接受性,突出健身性、娱乐性、终身性、实用性,以吸引学生主动地参加体育学习和锻炼。体育教学内容的改变必然会带来教学组织形式和教学方法的改进。

四、建设高素质的体育师资队伍

未来高校体育事业发展的成败,最终取决于教师的素质。建立一支高素质的体育教师队伍是高校体育素质教育的根本保证。由于历史的原因,目前我国高校体育师资队伍的整体素质与素质教育的要求还不相适应。提高教师队伍的整体素质,一方面要依靠体育院校培养和输送高素质的毕业生补充高校体育教师队伍;另一方面则应重点立足于在岗教师的

培养，加强对在岗教师的培训，使其掌握必要的教学理论和教学技能，使教师从单一的"技术型"向"复合素质型"转变，从而推动素质教育的顺利进行。

（一）教师职业的专业属性

师范教育专业化问题起源于如何提高基础教学质量及教师职业的社会地位。当前，一个全球性的教育问题是最优秀的学生不愿上师范专业。出于提高教育质量的目的，努力提高教师的社会地位以增强教师职业的吸引力，是各国惯用的做法。但一种职业社会地位的高低受多方面因素的影响，既有社会的因素、观念的因素，也有职业自身的因素，其中职业自身的因素是最关键的。职业自身的因素对其社会地位的影响取决于该职业的性质，即它是否是一种专门性的、具有不可替代性的职业，以及它的专业化程度如何。正如顾明远教授所指出的，社会职业有一条铁的规律，即只有专业化才有社会地位，才能得到社会的尊重。如果一种职业是人人都可以担任的，那么它在社会上是没有地位的。如果一种职业没有一定的专业地位，就难以体现出该职业从业人员劳动价值的优越性，那么在市场经济下也就难以得到与这一专业地位相应的社会地位资源，如权力、工资、晋升机会、发展前途、工作条件等。也就是说，一种职业的专业化程度决定了该职业的专业地位，而一定的专业地位又决定了该专业的社会地位及相应的社会地位资源。同样，教师职业的专业化程度及其专业地位如何，也从根本上决定着教师职业的社会地位。

由于教师职业从性质上，即从其对社会发展的重要性上看，是一种专门性职业，但其专业化程度与医生、律师等专门性职业相比又有逊色之处，因而教师职业还没有获得普遍认可的专业地位。因此，以提高教师的专业地位来提高教师的社会地位，进而提高基础教育教学质量，已是各国普遍的做法。而教师专业地位的提高又有赖于师范教育的改革，于是，如何提高教师教育的专业化程度，进而促进教师专业的发展，已成为发达国家师范教育改革的热点。当然，对此的理解还有赖于对专业及专业化、教师职业的专业属性、教师的专业化、教师专业发展及师范教育专业化取向等问题的认识。

（二）教师专业化与师范教育专业化取向

1. 教师的专业化

综上所述，专业代表着一类特殊的职业，这类特殊的职业之所以被称为专业，在于该职业及从业人员必须达到公认的一系列"专业"标准，专业化就是这类职业及从业人员迈向这一公认的"专业"标准进而成为专业的不断努力过程，这一过程也就是"半专业"或"准专业"不断提高其专业化程度的过程，即其专业发展的过程。教师职业从性质上看已被认为是一种特殊的专业，但其专业化程度不高也是公认的，因而还必须提高教师的专业化程度，而这一提高的过程，也就是教师专业化发展或教师专业发展的过程。由于专业达到标准的多样性、高要求性以及教学工作的特殊性，教师专业的发展表现出多因素制约、多主体配合、多内涵、多阶段、多途径等特点。目前，各国在促进教师专业化程度提高时，多以社会学家所总结的专业化模式为航标，主要通过教育专业知识技能的完善、教师社会地位的改善、专业组织的建立和自主权力的获得、专业标准的提高等来促进教师专业化的发展。如果说以往主要以提高教师的社会地位来促进教师专业的发展，进而促进教育教学工作质量的提高的话，那么，20世纪80年代以来则主要强调通过教师专业的发展来提高教育教学质量。促进教师专业地位发展的途径是多方面的，但以往则过于着重以提高教师的社会地位为途径，强调专业组织的建立、权利的获得，而忽视从教学工作专业化程度的提高这一更为根本的途径出发。现在人们逐步认识到，地位的提高尽管重要，但更重要的是教职人员本身的专业化及教学工作专业化的程度。因为教学工作的改进，自然会成为专业地位加强的依据。因此，通过教师专业化的发展，即通过专业化程度的提高来提高教学工作的质量，进而达到教师社会地位的提高，已是世界各国普遍的做法。

当前，从世界范围来看，人们普遍认识到：要提高教学工作的质量，并非仅通过提高教师的社会地位、提高经济待遇、改善工作条件就可以解决，还必须从教师这门职业出发，尊重教师的职业特点，从整体上对教师职业加以审视。历史的经验及理性的认识使人们相信，通过促进教师的专业化发展来提高教师的质量、改善教师社会地位、树立教师的社会形象，进而实现提高未来教育质量的目的，可能是更有效的途径。

2. 教师专业发展及师范教育专业化取向

前面的论述已经说明，教学工作是一种专业工作，从事教学工作的教师职业被看成专业性职业（专业），教学工作专业化水平的提高有赖于教师的专业发展；而促进教师专业化发展已是20世纪80年代以来发达国家所追求的，师范教育的专业化也成为师范教育的新理念。那么，教师专业发展及师范教育专业化理念的内涵又是什么呢？

既然把教师职业看成专业性职业（专业），而其专业化程度尚不高，那么其专业的发展就应具备专业性职业发展的一般特征。因此，教师专业发展这一概念的内涵就是把教学工作视为一种专业工作，把教师视为一个持续发展的专业人员，需要通过不断的学习与探究历程来拓展其专业内涵，提高专业水平，从而达到专业成熟的境界。教师专业发展要强调两点：①强调教师作为教育教学的专业人员要经过一个由不成熟到相对成熟这样一个专业人员所必须经过的发展历程。因为新教师虽然经历了职前的教育训练，并获得了合格的教师资格证书，但并不意味着他就是一个成熟的教学专业人员，也就是说，教师的专业发展空间是无限的,成熟只是相对的。②教师的专业发展强调教师作为一个发展中的专业人员,其发展的内涵是多层面、多领域的,既包括知识的积累、技能的娴熟、能力的提高,也涵盖态度的转变、情意的发展。

基于这样的概念,教师专业发展的阶段和专业内涵的研究已成为教师专业发展研究领域的两大主题。在教师专业的发展阶段方面,虽然研究的方向不同,但把教师职前教育与在职教育的专业发展联系起来,把两者看成一个完整的、持续的专业发展过程,是多数研究者的共识。教师专业内涵的研究,多从教师专业知识的发展、专业技能的娴熟、专业情意的健全三个方面进行。如果对于教师专业发展阶段研究关心的是教师专业如何发展,那么对于教师专业内涵研究关心的则是教师专业的哪些方面在发展。因为教师专业的发展不仅是时间的历程,伴随这一历程的还有作为教师专业内涵的知识、技能、情意的变化与发展。

由于教师的专业发展是多阶段、多内涵的持续发展过程,因此师范教育就应该提供相应的全程支持,师范教育专业化的概念也就随之而出了。师范教育专业化(取向)这一概念,是指师范教育的方案要根据教学工作的性质和教师专业发展的要求进行规划和实施。既然师范教育要以专业化为取向,那么师范教育就得具备能促进教师专业发展的学科基础。但由于师范教育的学科基础——教育科学的地位尚不如师范教育制度那样稳固,发展与完善教育科学体系就成为师范教育专业化所面临的问题。尽管如此,这并不能成为阻碍师范教育专业化的理由,反而应成为发展教育科学、促进师范教育专业化的动力。因此,以促进教师专业发展为目的的师范教育的专业化取向就成为师范教育的新理念。而重视师范教育的教育科学体系的发展与完善、构建职前与职后教育相结合的一体化师范教育制度,是师范教育专业化取向所强调的。

(三) 体育教育专业课程改革的专业化取向及策略

1. 体育教育专业课程改革专业化取向的必然性

前面对师范教育专业化取向的分析、概括,是从包括各师范专业教育在内的"师范教育"这一总括性概念意义上进行的,因而,师范教育专业化取向这一理念具有普适性,并且要通过各种具体的师范专业去体现和落实。也就是说,师范教育专业化取向的理念涵盖了各个具体师范专业教育的取向,各师范专业教育的改革取向也应顺应这一专业化理念。体育教育专业作为师范专业教育的一种,自然也不例外。那么体育教育专业的专业化取向所指的是什么呢?既然教师专业的发展把教学工作及教师当作专业性工作和专业人员,师范教育专业化取向是指师范教育的方案要按教学工作的性质和教师专业发展的要求进行规划和实施，而体育教学、体育教师又属于"教学"和"教师"的范畴，那么作为师范专业教育的一种，体育教育专业的专业化取向，即指该专业的教育方案要按体育教学的性质和体育教师专业化发展的要求去规划和实施。由于专业是按特定方向组织起来的课程体系，因此按一定方向组织起来的课程体系就是专业的实体。因而，从教育内容的视角看，体育教育专业的专业化取向从根本上说还要通过相应的专业课程体系来体现和落实。因此，以通过促进体育教师专业发展来促进体育教育、教学质量提高为目的的体育教育专业的改革，必然要求其课程改革以专业化为取向。根据师范教育专业化的核心思想，可以认为体育教育专业课程改革的专业化取向是：以促进体育教师专业发展为中心进行专业课程体系的统一与整合，尤其注重体现其专业性的课程构建、为体育教师的专业发展提供课程支持和支撑，这不仅是对师范教育专业化趋势的顺应，也是对以往体育教师社会地位及专业地位的反思。

如果说以往教师总体的社会地位及专业地位不高是不争的事实，那么比较而言，体育教师的社会地位及专业地位则更为低下。"同工不同酬"是以往部分学校时常发生的现象，也是体育教师经常面临的问题。长期以来，不仅优秀学生报考体育师范专业的人数不多，即使一些已进入体育教育专业的学生也认为，"如果万一分到中学，又没有办法调走，那将是一生中的不幸了"，存在"而在职的体育教师专业思想不稳，打算改行的也大有人在"的情况。与此相应的，没有经过体育教育专业教育的人也常挤进体育教师队伍。退伍军人、退役学生直接从事体育教学是以往的常见现象，以致体育教师的形象有了"武人""军人""教练员"的色彩，而缺少"体育教育者""育人者"的形象。从学历来看，中学体育教师学历达标率也是较低的。从以培养体育教师为本的体育教育专业来看，任课教师的学历层次同样相对较低。这说明体育教师的社会地位及专业地位有待提高。其提高的途径虽然很多，但提高体育教师的专业化程度则是最为重要的途径，而这最终要通过体育教育专业课程的专业化来落实。以往体育教育专业课程改革中的一个问题就是过于强调"学科"与"术科"的比例，这种比例之争源自"师范性"与"学术性"。其实，不仅"术科"中有示范性问题，"学科"中同样也有个"师范生"问题。对于"学科"与"术科"比例的过分强调，隐含的前提仍是基于一次性本科教育即可培养优秀体育教师的理念，这种理念并不把体育教学工作看成专业性工作，也不把体育教师看成需要不断学习和探索才能趋于成熟的专业人员。实际上，"学科"与"术科"只是体育教师专业发展多个内涵中的一个方面。因此，以视体育教师是专业人员为前提，以促进体育教师专业化发展为直接目标，即以专业化为取向进行体育教育专业的课程改革就显得非常必要了。

2. 体育教育学学科体系构建

既然视教师职业为专业性职业是师范教育专业化取向的前提，而专业性职业的最重要特征是它构建于一定的学科基础之上，并要使这些学科体现于相应专业教育的课程里，以表现专业教育的特点和存在的理由，那么要进行以专业化为取向的体育教育专业（课程）改革，就要求我们必须重新审视其依据的学科基础，并为专业化取向的课程改革提供课程资源。专业教育的课程源于专业所构建的学科基础，那么体育教育专业（课程）又构建于什么学科基础之上，其支撑学科（课程）又是什么呢？

师范教育史的研究表明，师范教育的产生和发展与教育科学的发展和完善相伴，师范教育制度的确立及巩固也是教育学科不断完善的结果。虽然教育科学的地位还没有师范教育制度那样稳固，但教育科学的发展的确为师范专业教育提供了学科支持。体育专业教育发展史的研究也表明，满足社会对体育教师的需求是体育专业教育发生、发展的最初和早期的动因，因而体育专业教育制度也基本依附于师范教育制度，其学科基础也多依赖于教育学、心理学。由于对学校体育功能早期的追求更多地趋向于健身，因而与生物学和医学相关的学科也是体育专业教育课程的主要学科基础。

体育教育专业课程改革专业化取向的根本要求就在于，必须明确并构建专业化的课程体系，这个体系不仅要有宽厚的专业基础课，还应有体现并反映体育教育、教学特性的专业课。因此，明确专业的支撑学科及课程，并按体育教师专业发展的要求对其合理构建，是以专业化为取向的体育教育专业课程改革的基本要求之一。由于我们长期以来对此有所忽视，在以往教育（体育）行政部门所颁布的体育（教育）专业教学计划课程中，尚未发现有"专业课"一词，类似的提法往往是"专业基础课""专业技术课"或"专业主要（主干）课"，其所列课程并非都是真正意义上的"专业课"。这种较宽泛的提法，源于对体育教育教学及体育教师职业专业性的认识不足，以及相应的专业课程的非专业化取向。从其所列课程名称看，虽明显有别于其他非体育类师范专业，但尚难明显区分于其他相近的体育类专业。因为这类提法所包括的人体（运动）生理、人体（运动）解剖、田径、球类等课程，是各相关体育专业的共同基础理论和技术手段课，并非体育教育专业所独有，因而它们难以成为该专业的支撑课程，即专业课。而以专业化为取向的体育教育专业课程改革，是把体育教育、教学及体育教师当作专业工作和专业性职业来看待为前提的，这就要求专业教育不仅要为体育教师专业化发展提供必要的专业基础课，更要求提供能体现并支撑其专业发展特殊性的专业课，其中体育教育学类课程则是其专业课的集中体现。

由于学科是课程的资源以及长期对体育教育学学科研究的重视度不够，构建体育教育学类课程首先要从该学科的建设入手。因而，构建并完善体育教育学学科，是专业化取向的体育教育专业课程改革的前提工作。

概括地说，体育教育学是研究体育教育现象、本质及发展规律的学科领域。虽然对其研究范围还难做定论，但体育教育的目的、体育教育的内容、体育课程编制、体育教育与人的身心发展的关系、体育教育的手段、体育教育的评价等，应是其研究的主要问题。虽然体育教育学学科与学校体育学、体育教学论、体育教材教法密切相关，但并非它们的简单相加。影响体育教育学发展的重要因素之一，就是以往常将它们等同或视为它们几者的相加。学校体育学主要是研究与揭示学校体育工作的基本规律、阐明学校体育工作的基本原理和方法的一门总括性学科，它虽然涵盖了体育教育学的内容，但是由于其"总括性"而难以对体育教育有关问题进行深入探索，而体育教育学是学校体育学的局部，同时也是该部分的扩展和延伸。体育教学论则注重体育教学过程基本规律和特点的探索以及教学法则的理论研究；而体育教材教法则注重各具体运动项目的教法分析。显然，这后两者被包含于体育教育学之内。从以往的学校体育学、体育教学论、体育教材教法学科内容来看，它们已难以适应培养新型体育教师的需要。在现代社会重新认识体育教育的本质、体育教育与健康教育的关系、体育课程的改革等问题，都需要从理论上给予提升，而对这些问题的回答与解决已绝非传统的学校体育学、体育教学论、体育教材教法所能单独胜任的。因而，需要一个统一、整合的学科来对此做出解释、预测和指导，体育教育学即这样的学科。

体育教育学的构建至少应包括以下三个层面或领域：第一，从哲学意义和原理意义上探讨体育教育与人的身心发展、与社会发展的关系，探讨体育教育的目的、任务、内容及原则、方法的关联性；第二，探讨体育教育内容的选择与组织实施和评价问题，即体育课程的编制问题；第三，探讨体育教育方法与体育学习方法的统一问题以及各自的特殊性问题。这样构建的体育教育学将会是一个学科体系，它可能会有体育教育史、体育教育目的论、体育课程论、体育教学研究、体育（运动）学习论、体育方法论、体育教育评价论等多个分支领域，但对本科体育教育专业来说，不必以课程形式与之一一对应。

最后，还有两点必须指出。第一，以专业化为取向的体育教育专业的课程改革，虽注重专业支撑课及专业课的改革，但并不忽视专业基础课的改革。专业基础课的改革应以提供体育教师专业发展所必需的专业基础理论、专业基本技能为中心，并注重有助于体育教师专业情意发展的有关课程的改造或开设。第二，体育教育学科的构建，并非只针对本科段的体育教育专业课程改革而言。因为体育教师的专业化发展是持续不断的长期发展过程，本科教育阶段只是其专业发展的预备或初期阶段，本科教育只是预备性教育。因此，体育教育学科体系的构建与完善，是对为体育教师专业全程发展提供支撑的课程而言的。

第二节 多元教学法在高校体育教学中的应用

一、高校体育课堂教学方法的多元化与创新策略

（一）高校体育教学方法选用的依据

1. 根据体育教学任务选取教学方法

在高校体育教学过程中，不同的体育课程其教学目标是不同的。为了更好地提升高校体育教学目标的达成度，需要在不同的教学任务基础上，选取合适的体育教学方法，以此来更好地促进高校大学生体育学习效果的提升。例如，在高校的武术教学过程中，教师要注重镜面示范、背面示范、正面示范等多种示范方法在教学过程中的应用，以此来提升高校体育教学的有效性。

2. 根据教材内容特征选取教学方法

在高校体育课程改革过程中，为了提升体育教学的有效性，倡导使用多元化的体育教学方法。教学方法的使用不能盲目地适从，而是要在全面分析高校体育教学目标的基础上，结合高校体育教材的内容特征，来选取适宜的体育教学方法，以此来更好地促进高校体育教学质量的提升。例如，在高校田径长跑这一发展耐力素质教学内容开展的过程中，教师可以借助教学比赛法来提升中长跑教学的趣味性。

3. 按照大学生的个体差异选取教学方法

高校大学生在体育学习过程中，受到身体素质、运动能力、个性特征、接受能力等差异的影响，其体育技能学习的效果也存在较大的差异。因此，在高校体育教学过程中，教师要在充分了解学生差异的基础上，结合体育教学的健康发展目标，借助有针对性的体育教学方法，来促进大学生体育技能与锻炼习惯的养成。例如，在篮球教学过程中，针对基础好的与零基础的大学生，教师可以采用分组教学的方法，以更好地实现篮球教学的目标。

4. 根据教师自身的能力选取教学方法

在高校体育教学过程中，体育教师在课堂上处在一个主导的地位，因此高校体育课堂教学方法的选取，要符合教师自身的教育能力，包括讲解能力、示范能力等。只有符合教

师自身能力的教学方法，实施起来才能够得心应手。同时，教师在教学过程中要加强对学生体育锻炼习惯、终身体育意识的培养，通过有效的组织方式来吸引大学生参与体育锻炼，同时要提升体育教学方法的趣味性，激发大学生体育学习的兴趣。教师在教学过程中要掌握调动大学生体育学习积极性的策略，以此来更好地保证高校体育教学的效果。例如，在投掷教学过程中，受到大学生的体育学习心理等因素的影响，往往女大学生出现不愿意进行投掷练习等问题，此时教师就要借助分组教学法，通过帮带等方式，来提升这部分学生参与练习的积极性。

（二）高校体育课堂教学方法选用的原则

1. 体育教学方法的经济性原则

体育教学方法使用的多元化目的是提升教学效果，因此在教学过程中，选用的教学方法要本着经济性的原则。只有更为经济的教学方法，才能够转化为现实体育教学的有效方法，为达到体育课堂教学的目标提供经济、实用的体育教学方法。

2. 体育教学方法的动态性原则

体育教学是一个动态实施的过程，为此教师在选用体育教学方法的过程中，会受到环境、评价、兴趣等因素的影响。而在体育教学深入开展的过程中，大学生运动技能的熟练、体育知识的丰富，需要更为合适的体育教学内容与方法来满足健康与兴趣发展的需求。因此，在体育教学过程中，教师所选用的体育教学方法，要遵循动态性的原则，包括体育教学方法使用环节的动态性、体育教学方法提升的动态性等。只有遵循动态性原则，才可以更好地实现体育教学与大学生身心健康发展的可持续性。

3. 体育教学方法的相融性原则

体育教学方法的相融性原则指的是在高校体育教学过程中，教师所选择的体育教学方法是多元化的，既有发展大学生体育健康知识的教学方法，也有提升大学生运动技能掌握水平的教学方法。因此，为了更好地提升高校体育教学有效性，教师在体育课堂教学方法创新的过程中，要提升体育方法相互之间的融合性，以此来更好地促进大学生身心健康的全面发展与多元发展。

4. 体育教学方法的多维性原则

体育教学的过程中，每一种教学方法的使用都不能急于求成，这是因为体育教学的过程性与生成性效果的达成，是体育教学内容、体育教学目标、体育教学对象、体育教学评价等多种因素综合作用的结果。因此，为了更好地提升体育教学的效果，教师在运用某种体育教学方法的时候，要加大对这一教学方法多维性的分析，以此来更好地实现体育教学方法的创新应用与教学效果的提升。

5. 体育教学方法的灵活性原则

高校体育教学方法的应用，需要在不断研究体育教学规律、大学生身心健康发展规律的基础上，创新高校体育教学的方法。而这种创新需要以传统的体育教学方法为基础，通过不断更新与完善，来满足现代体育教学与大学生身心健康发展的需求。在这个过程中，体育教学方法的灵活性必须满足教学方法调整的灵活性、评价的灵活性等。

(三) 高校体育教学方法的实施与创新

1. 讲解示范教学法

主要有徒手模仿练习法、持器械模仿练习法等。第一种徒手模仿练习法适用于初学者的原地体育动作模仿练习。例如，在篮球教学过程中，在进行徒手模仿投篮动作的时候，要以正确的投篮动作进行模仿练习。需要注意的是，在完成投篮动作以后，不能立即把投篮的手收回，要在检查了动作的准确性之后才可以进行下一个动作。通过多次徒手模仿练习，来不断地提升投篮的熟练性。第二种方法是持器械模仿练习的方法，这一方法是在较为熟练地掌握动作技能之后，大学生持器械做模仿的练习。

2. 教学比赛练习法

体育技能教学的效果最终要在比赛等应用中进行检验，因此，在体育教学过程中，教师可以借助教学比赛这一练习法，来进一步激发大学生的体育学习与参与的积极性。教学比赛能够给大学生的体育学习带来更多的刺激性，享受比赛的过程性与团队合作性，可以让大学生在比赛过程中发现自己在体育技能学习方面的不足之处，为接下来的巩固练习激发出更多的动力。教师在应用教学比赛的过程中，首先，要按照大学生的练习水平进行科学的分组，以更好地激发全体大学生的练习积极性；其次，要加强对大学生团队意识的培养，让大学生在比赛过程中获得更多的配合技巧与团队合作方法；最后，在比赛过程中，教师要通过有效的教学方法来锻炼大学生的竞赛心理素质，为运动技能的稳定性奠定基础。

3. 表象教学法

充分利用表象训练，能够帮助大学生更为准确地掌握体育动作技能。首先，在进行体育动作学习之前，要借助视频等多媒体教学手段，对整个运动技术动作进行演示。教师要结合视频对关键动作进行讲解，帮助大学生更为直观地感受体育动作的要领，在心理上来感知肌肉用力的动作要领，从而更快地掌握重点的技术环节。其次，让大学生做好不同技能的动作准备，对整个体育动作的过程与练习方法进行想象，并且在教师的引导下，来体会重点技术的练习。再次，教师就大学生的体育动作练习开展有针对性的指导，并拍摄大学生的体育动作过程，指导大学生学会对动作的对比观察，从而找出不准确的动作，采取有针对性的改进措施，教师在指导大学生练习的过程中，要以精准的示范来帮助大学生更好地理解动作，进而为表象练习效果的提升打下坚实的基础。最后，在动作练习结束之后，教师要进一步传授表象练习法的开展方式。例如，可以在晚上睡觉之前，对动作进行意念上的回忆，具体的动作过程是让大学生自然仰卧，闭上眼睛，将身体放松，并做深呼吸，最为关键的一点是让大脑保持高度的集中，通过自我意念控制来演练体育的动作要领。要经常进行这样的表象训练方式，最终让大学生在脑海里完全掌握体育动作的要领。

（四）高校体育教学方法的创新策略

体育教师在教学过程中，要落实育人为本的原则，按照大学生的基本状况，提升对体育教材的研究力度。通过创新体育教学方法，来促进体育教学目标的达成。有效的体育教学方法是提升体育教学的核心问题，也是达成体育课堂教学目标的一个关键因素。因此，在体育教学过程中，教师要以丰富、灵活的体育教学方法来调动大学生学习体育的积极性，激发大学生的体育学习与锻炼的兴趣，培养大学生的运动技能，促进大学生体育锻炼与终身体育意识的发展。教学方法是多种多样的，而每一种教学方法都是有针对性的。

综上所述，在高校体育教学过程中，要以人才发展的目标为依据，在客观分析高校体育教学方法现状的基础上，做好高校体育教学方法的定位，体育教师在教学过程中，要加大对现代化体育教学方法的应用，在落实学生主体地位的基础上，实现体育教学方法由技术向健康知识、技能传授的方向转变。同时，教师要以学生为主体，实现体育课堂、体育评价、体育测试的人本主义，促进大学生体育知识、体育技能、体育习惯与终身体育意识的快速发展。体育学习作为知识与技能结合的学习方式，在体育教学过程中，需要按照由简单到难、循序渐进、差异性的原则。教学方法的有效性体现为课堂教学的有效性、动作展示的有效性、学习评价的有效性等。

二、逆向教学法在高校体育教学中的应用探讨

（一）逆向教学法在高校体育教学中应用的本质

1. 从学生的需要出发，实现素质教育目标

在我国教育改革的影响下，各种新型的教学模式不断涌现，逆向教学法就是基于这样的背景产生的。逆向教学法重视学生的需要，从学生的实际需要出发，而不是传统的以社会的需要为导向。所以，逆向教学法的应用在学生群体中颇受欢迎。逆向教学法让高校体育教学更具针对性，更加符合学生的实际发展需要，也能够全面提升学生的综合素质和实践能力，更好地实现素质教育的根本目标，以顺应时代的发展潮流，促进我国教育改革的不断落实与实践。

2. 从学生的需要出发，培养学生个性化的品质

在当今个性化的时代，私人定制的服务和产品才是市场欢迎和乐于接受的。因此，人才的个性化培养也是非常重要的。从学生的需要出发，培养个性化的人才、为社会提供个性化的人才成为高校教育的基本人才培养目标之一，也是我国教育改革的客观要求。同质化人才一直都是我国教育体系中不可逾越的一道难题，只有提高人才的个性化，让人才培养趋利避害，更加符合人才的标准，才能为国家培养出优秀、合格的人才。逆向教学法更加注重针对性教学，从人才的实际状况和需要出发，培养学生的个性化品质。

（二）逆向教学法在高校体育教学中的应用策略

1. 制定有针对性的教学内容，教学方法重在研究

逆向教学法在高校体育教学中的应用目的在于促进高校人才培养，有利于培养个性化的人才的进程，因此要在教学内容和教学方法上进行改进和更新，全面推进培养高校体育人才的进程。首先，要制定有针对性的教学内容，根据学生的实际状况，制定符合学生实际发展需要的体育项目，让学生获得适合自己发展的途径；其次，教学方法要不断改进更新，创新教学模式与方法，采用新型的教学方法，以研究性学习为主，尊重学生的主体地位，培养学生自主学习的习惯；最后，教师在教学过程中主要起引导作用，改变传统的教学习惯，调动学生的主动性和积极性，以培养学生良好的学习习惯，促进高校体育教学水平的提升。

2. 关注学生的兴趣，满足学生的个性化需要

逆向教学法属于兴趣教学的一种具体实践方法，更加关注学生的兴趣。从兴趣出发，以全新的教学方式和教学方法开展体育教学。首先，逆向教学法的应用在于教师要充分了解学生的实际状况和兴趣所在，根据学生的兴趣开展针对性教学，实现逆向教学的根本含义；其次，逆向教学的优势在于充分考量学生各方面的情况，并针对其中存在的问题给予

合理的解决，关注学生喜欢的运动，在体育课堂中开展有针对性的训练，以教师为主导，提高学生参与体育运动的兴趣，从而更好地促进高校体育课堂的发展。

3. 纵向评价学生，给予学生学习的信心

逆向教学法的应用还在于要全面评价学生的情况，纵向开展评价，改变以往唯成绩论的情况，尤其是在高校体育教学中，要根据学生的课堂表现进行评价，而不是单纯地利用成绩评价学生。在体育训练中，对于训练的态度以及课堂表现，都能成为评价学生的标准。通过逆向教学，开展更加科学、公平的评价，能够有效培养学生对体育课堂的兴趣，满足学生学习的成就感与自信心，更好地促进学生的全面发展，实现高校体育课堂教学质量的提升。

综上所述，高校体育课程对于强健学生体魄，培养学生健康的心理和生活方式非常重要。逆向教学法应用于高校体育课堂中，能够有效提升体育课堂的效果。同时，也能通过高校体育课堂开展更有针对性的体育项目，让学生对体育课堂产生兴趣，从而更加热爱体育锻炼和体育项目，有利于深入挖掘学生的体育潜能，为国家和社会培养更加优秀的体育人才。逆向教学法作为一项新型的教学手段和教学方法，其在高校体育课堂中的应用还存在着一定的问题。因此，不断趋利避害，优化教学方法，是高校体育课堂应用逆向教学法需要解决的关键问题，也是全面提升学生体育水平的关键步骤。

三、分层教学法在高校体育教学中的必要性和实施策略

（一）高校体育课程分层教学的必要性

1. 加强了学生的学习主体性

在传统的教学模式下，学生的个体差异没有得到应有的重视，学生没有学习的兴趣，体育课堂的氛围比较枯燥。但是，教师运用分层教学模式，就会结合学生的身体素质，关注学生的能力水平。不同层次的学生都会拥有明确的学习目标，教师的教学手段也会展现出多样化的特点。对于学习成绩优秀的学生来说，会拥有新颖的学习内容，能够展现出比较明显的奋斗目标。

对于后进生来说，能够通过积极努力，达成自己的目标。分层教学模式的实行，能够让学生在学习过程中获得喜悦，产生并加强对体育学习的信心。这对于学生学习习惯的养成和主体地位的展现产生了十分重要的影响。

2. 深化教师课堂组织的主导性，有益于个人业务能力的提升

教学是对学生进行思考的一个重要过程，分层教学实行的时候主要是从具体的教学内

容出发，能够遵循因材施教的教学理念。总体来说，分层教学的开展和教师的课堂把控能力存在密切的关系。

在分层教学模式下，教师在教学的时候，应该贯彻落实生本理念，力求引导学生朝着个性化的方向发展。在此，教师就要结合学生的实际情况，运用丰富的教学手段，满足学生的需求。在这种情况下，教师的教学方法才会展现出一定的针对性。根据不同层次的学生，教师可灵活地运用教学方法，让自身的教学水平得到提升。同时，教师还应该积极学习，能够虚心听取意见，对教学手段进行优化。分层教学法对教师提出了比较大的挑战，教师的科研能力也会得到较多的激发。最终，分层教学法对于提升教师的科研水平和活跃校园氛围提供了有力的帮助。

3. 优化教学目标，展现出良好的教学效果

在高校体育课程教学过程中，教师运用分层教学法，主要是遵循了因材施教的教学原则。针对不同的学生，要制定出不同的教学目标。在给予学生有针对性的指导和帮助的情况下，能够促进学生的全面发展和进步。在这个过程中，体育教学目标得到了优化，也让学生的学习动机得到了激发，学生参与学习的热情得到了有效提升。应用分层教学法，使学生探究能力的提升拥有了广阔的空间，各个层次的学生都得到了全面的发展，这实现了素质教育的整体发展目标。

（二）高校体育课程分层教学的实施策略

1. 创建良好的师生关系，为分层教学提供基础

经过详细的分析和研究得知，良好的师生关系会促进学生形成良好的行为。在良好和浓厚的学习氛围中，学生的积极表现行为会得到提升，学生的心理也会更加积极和乐观。因此，教师想要进行分层教学，就应该和学生形成相互信任和相互尊重的模式。学生在学习中找到自己的定位，就会对体育知识学习产生浓厚的兴趣。同时，教师开展分层教学，应该从良好的教学环境创建角度出发，让学生能够在真诚友好的环境下，彰显出自身的主体地位，并发挥主观能动性。教师和学生之间相互尊重，对学生的学习热情进行充分的调动，最终使学生的创新意识以及主动参与体育活动的动力得到激发，在不知不觉中加强各个层次学生的学习效果。

2. 对教学目标进行科学、合理的分层，制定合理的教学方法

通常情况下，分层教学展现的是一个比较完整的过程，其中涉及了比较多的教学环节，这些环节形成了一个完善的教学整体活动。我们都知道，如果其中一个环节发生了变

化,就会引发整体的变化。因此,在开展高校体育教育教学过程中,应该把教学的重点放在教学目标上,关注教学内容和教学方法。分层教学过程中,教师要关注分层的合理性,学生在接受分层之后,教师要关注全体学生,也应该让体育教学大纲成为教学的重要引领。在以学生实际情况为基础的情况下,让学生制定合理的学习目标。同时,分层教学目标还应该透彻地深入每一个教学环节中。最后,教师制定出符合各个层次学生发展的教学方法,运用不同的教学评价方式开展教学。

3. 教师创新知识,为分层教学做好保障

在高校体育教育教学过程中,教师要迎合素质教育的要求,在教学中展现出多层面、多角度和多互动的模式。高校体育教学也不能缺乏创新人才。教师是课堂教学的重要组织者,应该展现出较强的创新精神和能力。分层教学中,教师的教学难度明显增加。教师应该从教学目标出发,对课程进行精心准备,在面对不同层次的学生时,要以有针对性的学习目标为支撑,在教学过程中运用积极有效的手段,让学生的学习上升到一个层次。因此,教师应为分层教学的开展储备充足的体育知识,让自己的知识面得以扩宽,通过新颖和生动的知识激发学生的学习欲望。

4. 完善场地建设,让分层教学顺利进行

优质的体育场地和器材是保障高校体育课程有序进行的前提和基础。教师在开展高校体育课程教学的时候,要着手准备体育场地和器材,保证体育场地和器材符合学生的身心发展规律,形成快乐的学习氛围。所以,教师在教学过程中应该注意增强学生体质和更新教学内容。同时,学校在体育经费上也应该加大投入,对学校体育设备进行重点改善。在高校体育分层教学中,体育器材和场地要物尽其用,教师对学生的无意注意进行加强,迎合学生的心理特征,最终激发学生进行体育锻炼的积极性和主动性。合理的场地建设,能够保证分层教学的顺利进行。

第七章　高校基础运动项目教学实践

第一节　田径运动教学指导

一、田径运动的基本概况

田径运动是体育运动的重要组成部分，是最古老的体育运动项目之一，是人类在社会实践中逐步产生和发展起来的最基本的运动项目之一，逐渐成为人类生活、工作、军事中的基本技能。现代田径运动是指由走、跑、跳、投与全能所组成的运动项目，是一种结合了速度与能力、力量与技巧的综合性体育运动。

田径运动是各类体育运动项目的基础，其基本运动形式为走、跑、跳、投，有个人和集体项目，每个项目都有自身的特点，突出地反映人的速度、力量、耐力等某一方面的能力，优秀学生训练和比赛大多围绕一个专项。对于大学生而言，较全面地参加田径项目，能全面地、有效地发展人的身体素质和运动技能，而且不受人数、年龄、性别、季节、气候等条件限制，便于在高校中广泛开展。

二、田径运动技术教学指导

（一）跑类项目技术教学

1. 短跑技术学练

（1）起跑技术

短跑运动的起跑包括起跑前的准备姿势和起跑动作，要求反应快，起动有力，使身体由静止状态获得最大向前冲力（初速度）。因此，起跑技术对全程速度和成绩影响很大。根据田径比赛的规则规定，田径短跑项目中的起跑必须采用蹲踞式起跑，它包括"各就位""预备""鸣枪"（跑）三个过程，具体如下：

①各就位

"各就位"口令是要求学生在比赛中做好比赛准备的第一步,也是短跑起跑的第一个过程。当学生听到"各就位"的口令后,要轻松、有信心地走到起跑线前,把有力的脚放在前面,身体下蹲,两手在起跑线前撑地,两脚前后分开约一脚半的距离,左右距离大约为10厘米,后膝跪地,两臂伸直,两手相距与肩同宽或稍宽于肩。四指并拢与拇指成八字形张开,虎口向前、头微低、颈放松,肩约与起跑线平齐、背微弓,两眼看前下方40～50厘米处,注意听"预备"的口令。

②预备

"预备"口令是要求学生做好起跑准备的提示,当学生听到"预备"的口令后,两脚用力后蹬,后膝抬起,臂部提起稍高于肩,背微隆起,重心前移,两肩稍过起跑线。这时体重就要落在两臂和前腿上。前后腿、大小腿的夹角分别约为90°和120°,注意力高度集中听枪声。

③鸣枪

当学生听到枪声后,两手迅速推离地面,屈肘前后有力摆动,同时两腿快而有力地蹬地,然后后腿以膝部领先迅速向前上方摆动。前腿充分蹬直,使髋、膝、踝关节成一直线,上体保持较大前倾。后腿前摆至最大程度后,大腿积极下压,用前脚掌在身体重心投影后下方落地。刚开始跑时注意步幅不宜过大,上体要起跑过程中逐渐抬起。

(2) 途中跑技术

短跑运动的途中跑是整个快速跑中的主要阶段,在途中跑过程当中,学生应尽量放松,腿部动作幅度大,步子频率快,前脚掌积极而富有弹性地落地,用踝、膝积极缓冲过渡到后蹬。后蹬时摆动腿应迅速有力地向前上方摆出,积极带动髋关节前送迅速伸展膝、踝关节,最后用脚趾蹬离地面。后蹬角约为50°。两臂的摆动有助于维持身体平衡、加快步频和加大步幅作用。摆臂时两手半握拳,肘关节自然弯曲成90°,以肩为轴快速跑有力地前后摆动。跑动中面朝前方,目视终点,颈部放松,躯干保持正直或稍前倾。注意动作轻松有力,协调自然,步幅要大,频率要快,重心平稳,跑成直线。呼吸要短而快,千万不可憋气。

(3) 终点冲刺技术

短跑运动的终点冲刺是全程的最后阶段,一般为15～20米。技术和途中跑基本相同,但要加强两腿蹬地力量和两臂的摆动,上体可适当前倾,到离终点最后一步时,上体要迅速前倾,撞终点线应用胸或肩部位触及。

2. 中长跑技术学练

（1）起跑技术

起跑是中长跑运动的第一个运动过程，一般采用"半蹲式"起跑或"站立式"起跑两种起跑方式。

①"半蹲式"起跑

学生到起跑线后，有力的脚在前，站在起跑线后沿，另一脚向后站立，两脚前后距离约一个脚掌。前腿的异侧臂支撑地面，支撑地面的手将拇指与其他四指分开呈"八"字形撑在起跑线后沿，另一臂放在体侧。这时的体重主要落在支撑臂与前腿上。这种姿势比较稳定，不容易造成由于重心不稳而导致犯规。听到发令员枪响后，两腿迅速并行蹬伸，后面的腿积极屈膝前摆，两臂则配合两腿的蹬摆动作进行屈臂前后摆动，整个身体向前俯冲，以便于在较短的时间内获得较快的初速度。

②"站立式"起跑

学生到起跑线后，两脚前后开立，有力的脚在前，脚尖紧靠起跑线后沿，前脚跟和后脚尖之间的距离约为一个脚掌长，两脚左右间距约为半个脚掌长（15~20厘米）。体重大部分落在前脚掌上，后脚用脚尖支撑站立。两腿弯曲，上体前倾，头部稍抬，眼看前面7~8米处，身体保持稳定姿势，集中注意力听枪声。这时两臂的姿势有两种：一种是前腿的异侧臂在前，同侧臂在体侧；另一种是两臂在体前自然下垂。听到鸣枪或"跑"的口令时，两脚用力蹬地，后腿蹬地后迅速前摆，前腿充分蹬直，两臂配合两腿动作做快而有力的摆动，使身体迅速向前冲出，以获得较快的初速度。

（2）加速跑技术

加速跑是学生在中长跑运动中获得较快的途中跑速度的重要技术环节，在加速跑的过程中，上体前倾稍大，摆腿、摆臂和后蹬的动作都应迅速而积极。加速跑的距离主要根据项目、个人特点与比赛情况而定。一般800米要跑到下弯道才结束；1 500米跑到直道末才结束，然后进入匀速而有节奏的途中跑阶段。

（3）途中跑技术

途中跑是中长跑运动的主要部分，对于学生来讲，掌握途中跑的技术非常重要。学生中长跑运动途中跑技术的学练具体如下。

①上体姿势

在途中跑过程中，学生的上体自然挺直，适度前倾5°左右，跑的距离越长，上体前倾角度越小，胸要微微向前挺出，腹部微微后收，头部自然与上体成一直线，颈部肌肉放松，眼平视。尽量避免上体左右转动或扭动，后蹬时髋前送，以提高后蹬效果。

②摆臂

在途中跑过程中，学生的臂的摆动应和上体及腿部动作协调一致。正确摆臂能维持身体平衡，并有助于腿的后蹬。中长跑时，两臂稍离开躯干，肘关节自然弯曲，半握拳，两肩下沉，肩带放松，以肩为轴前后自然摆动，前摆稍向内，后摆稍向外，摆幅要适当，前不露肘、后不露手。摆臂动作幅度应随跑速大小而变化，感到疲劳时，可改为低臂摆动，以减少疲劳。

③腿部动作

中长跑的途中跑大致可以分为三个阶段，即后蹬阶段、腾空阶段和落地缓冲阶段。

后蹬阶段：当身体重心移过支撑点以后，支撑腿就进入了后蹬阶段。当摆动腿通过身体垂直部位继续向前摆动时，支撑腿的各关节要迅速伸直。后蹬时各关节要充分伸直，首先以伸展髋关节开始，在摆动腿积极前摆的配合下向前送髋，腰稍向前挺，此时膝关节、踝关节也积极蹬直，这样能够适当地减少后蹬角度，获得与人体运动方向一致的更大水平分力，推动人体更快地向前移动。在后蹬结束时，后蹬腿完全伸直，上体、臀部与后蹬腿几乎成一直线，摆动腿使小腿与蹬地腿成平衡状态。

腾空阶段：后蹬腿蹬离地面后，人体进入腾空状态。其任务是最大限度地放松蹬地腿的肌肉，并积极省力地将大腿向前上方摆出。当后蹬腿的大腿向前上方摆动时，膝关节的有关肌肉群放松，小腿顺惯性与大腿自然折叠。当摆动腿的大腿摆至与地面垂直时，骨盆向摆动腿一侧下降，摆动腿的膝关节低于支撑腿的膝关节。这样摆动腿一侧的膝关节比较放松，使肌肉用力与放松交替控制得好。

落地缓冲阶段：当大腿膝盖摆到最高位置后开始下压时，膝关节也随之自然伸直，用前脚掌做"扒地式"的着地。当脚与地面接触之后，膝关节和踝关节弯曲，脚跟适度下沉，脚着地点更靠近重心投影点，落在重心投影点前一脚左右的地方。跑时可用脚掌外侧着地过渡到全脚掌，也可用全脚掌着地，着地动作要柔和而有弹性，两脚应沿着直线落地。落地后立即进入下一个后蹬阶段—腾空阶段—落地缓冲阶段的循环。

（4）弯道跑技术

中长跑运动中约有一半的距离是在弯道上进行的，在跑进时，学生要想克服沿弯道跑进时产生的离心力，身体可适当向左倾斜，跑速越快向左倾斜的程度越大。摆臂时，右臂向前摆的幅度稍大，前摆是稍向内，左臂后摆幅度稍大。摆动腿前摆时，右膝前摆应稍向内扣，左膝前摆稍向外展。脚着地时，右腿用前脚掌内侧着地，左腿用前掌外侧着地。弯道跑时，应靠近跑道的内沿，以免多跑距离。在比赛中最好不要选择在弯道上超越对手。

（5）终点跑技术

终点跑是学生在到达终点前的一段加速跑。动作要求基本上和短跑相同。这时学生已处于疲劳状态，此时学生依靠顽强意志冲向终点。跑的动作应该是摆臂加快而用力，加强腿的后蹬与前摆。由于中长跑的距离不等，学生可以根据个人的余力、场上情况和战术要求来决定冲刺的距离。一般情况下，800 米跑可在最后 200~250 米开始加速并逐渐过渡到冲刺跑。1 500 米可在最后 300~400 米逐步加速。

（6）呼吸技术

学生在参加中长跑锻炼时，掌握好跑进时呼吸的节奏很重要。具体来讲，中场跑中正确的呼吸方法应该是口与鼻共同进行的，通常是采用微张口与鼻同时吸气，用口来呼气。在寒冷的季节里，吸气时为了避免冷空气直接从口腔进入体内，可采用卷起舌尖抵住上腭的口腔吸气方法来缓解冷空气吸入。呼吸的节奏应和跑步的节奏相配合。一般地，慢速跑时，可采用三步一呼、三步一吸的呼吸方式，快速跑时，可用两步一呼、两步一吸的呼吸方式。

（二）跳跃项目技术教学

1. 跳远技术学练

（1）助跑技术

在跳远运动中，助跑的目的是获得最大的水平速度。跳远的助跑步幅要稍小些，频率要较快，身体重心较高，节奏性要强。助跑时应沿直线逐渐加速，跑到起跳板时应达到最高速度，为踏跳做充分准备。运动实践中，助跑距离的长短因人而异，一般地，男子助跑距离为 35~45 米，女子助跑距离为 30~35 米。

（2）起跳技术

学生在快速跑助跑的情况下，通过有利的助跑来获得必要的垂直速度，并尽量在保持水平速度的前提下，使身体腾起。在跳远中水平速度大于垂直速度，腾起角小于 45°，起跳是跳远技术的关键。当学生的助跑将要结束时，在助跑的最后一步，当摆动腿支撑时，起跳腿快速跑折叠前摆，上体正直或稍后仰。在起跳脚着地的刹那，由于助跑水平速度的惯性和身体重力的作用，产生很大的压力，迫使起跳腿的髋、膝、踝关节产生很快的弯曲缓冲，全脚掌迅速滚动，身体前移。两臂积极向上摆动至肩齐平时突然停止。摆动腿的大腿积极向前上方摆至水平位置，小腿自然下垂，完成起跳动作。

（3）腾空技术

学生起跳腾空后，身体应尽量保持平衡稳定，并做好落地的准备。上体正直，摆动腿屈膝前摆，大腿高抬并保持水平姿势，起跳腿自然放松地留在后面，成腾空步姿势。一般地，跳远腾空姿势有以下三种。

①蹲踞式

学生在腾空步以后，迅速将踏跳腿提至前方与摆动腿并拢，双腿屈膝向胸前靠近，同时上体稍向前倾。快要落地时两腿向前伸出，同时两臂向后摆。当脚跟触及沙面时，两膝很低的弯曲，两臂从后向前摆动，身体重心前移以保证平稳落地。

②挺身式

学生在腾空步后，摆动腿自然下落，小腿向前、向下、向后弧形摆动，使髋关节伸展，两臂向下、向后上方摆振。这时留在身体后面的起跳腿与向后摆的摆动腿靠拢，臀部前移，胸、腰稍向前挺，形成挺身展体的姿势。落地前两臂由后上方向前、向下、向后摆动，收腹举腿。上体前倾以保证平稳落地。

③走步式

在跳远运动中走步式跳远难度较大，要求学生在腾空阶段完成走步的动作，具体为当学生起跳动作完成后，身体呈现"腾空步"，处在身体前方的摆动腿应以髋为轴，用大腿带动小腿向下、向后方摆动，同时处在身体后方的起跳腿则以髋关节为轴，大腿向上抬摆，并且屈膝带动小腿前伸，完成两条腿在空中的交换动作。两臂也要配合两腿的换步进行绕环，以维持身体平衡。

（4）落地技术

跳远的落点技术有以下两种。

前倒落地：脚跟落地后，前脚掌下压，屈膝并向前跪，使身体移过支撑点后继续向前移动，身体前扑倒下。

侧倒落地：脚跟落地时，一腿紧张支撑，另一腿放松，身体向放松腿的一侧倒下。

2. 跳高技术学练

（1）助跑技术

助跑前应先熟悉助跑的距离，助跑弧线丈量方法要先确定起跳点。由起跳点向近侧跳高架方向平行横杆向前自然走五步，再向右转90°角向前自然走六步做一标志，再向前走七步画起跑点（最后一步一般比倒数第二步短10~20厘米）。由标志点向起跳点画一弧线（半径约为5米），即成最后四步的助跑弧线。跳高运动中，以背越式跳高为例，学生的助跑路线分前后两段，前段跑直线，后段跑弧线（最后三、四步）。用远离横杆的腿起跳。起跳点的位置一般离近侧跳高架的立柱1米、离横杆垂直向下投影点50~80厘米处。助跑的距离一般为6~8步或10~12步。起跑点和起跳点的连线与横杆夹角约为70°，弧线半径5米左右。

助跑过程中，助跑的前段应快速跑，跑法和普通加速跑相似。后段由于是跑弧线，所以身体向圆心倾斜，随着跑速越快倾斜度越大，前脚掌沿弧线落地。它的特点是身体重心高、步频快，小腿伸得不远，落地更为积极。这样便于保持较大的水平速度，有利于做快速跑有力的起跳动作，增加起跳的效果。由于是弧线助跑，起跳时身体侧对横杆，因而转体较为容易。整个助跑过程中身体应较松、自然、快速跑、准确。跑的过程中注意高抬膝关节。

（2）起跳技术

良好的起跳能使学生把助跑时所获得的水平速度转变为垂直速度，使身体腾空。学生的起跳动作可细分为起跳、脚着地缓冲和蹬伸三个阶段。当学生助跑到倒数第二步结束，摆动腿支撑地面后，在摆动腿迅速有力的后蹬推动身体快速跑前移的作用下，起跑腿迅速以髋关节带动大腿积极向前迈步，起跳脚顺弧线的切线方向踏上起跳点，以脚跟外侧领先着地并迅速滚动到全脚掌。同时，两臂要配合摆动腿迅速向前上方摆起，重心快跟，上体积极前移，使起跳腿缓冲。跳时，起跳腿的髋、膝、踝关节必须充分伸直，这是直立腾起的关键，同时双肩倒向横杆所形成的，使骨盆比肩更迅速地上升而使身体应尽量与地面保持垂直，身体重心轨迹与足迹重叠，以便为最后用力的蹬伸腾起创造有利条件。当身体重心移至起跳点上方时，起跳腿迅速而有力地蹬伸，完成起跳动作。注意起跳要求和助跑的最后几步要衔接紧凑。

（3）过杆和落地技术

一些学生在起跳后往往会由于起跳时摆动腿屈膝向异侧肩前上方的积极摆动，使身体腾空后逐步转为背对横杆的姿势，这时不要急于做过杆动作，而要努力保持身体的上升趋势。当肩和背高于横杆时，两肩迅速后倒，充分展髋、小腿放松，膝部自然弯曲，身体成反弓形，背部与横杆成交叉状态，反弓仰卧在横杆上方，髋部的伸展动作要延续到臀部过横杆。当膝盖后部靠近横杆时，两小腿积极地向上举。含胸收腹，以肩背领先过杆，过杆后注意落垫时的缓冲。

(三) 投掷项目技术教学

1. 推铅球技术学练

（1）握法和持球

以右手为例，握球时，五指自然分开弯曲，手腕背屈；把球放在食指、中指和无名指的指根处，拇指和小指自然地扶在球的两侧。握好球后，把球放在锁骨窝处，贴近颈部，手腕外转，掌心向外，手臂肌肉放松，握球要稳。

(2) 预备姿势

推铅球的技术有侧向滑步投、背向滑步投和旋转投三种方式。这里重点介绍背向滑步的预备姿势。背向滑步的预备姿势有两种，具体如下。

①低姿势

学生持球背对投掷方向，两脚前后开立 50~60 厘米，右脚跟正对投掷方向，左脚以脚尖或前脚掌着地，左臂自然下垂或前伸，两腿自然弯曲，上体前俯，重心落在右腿上。两眼看前下方 2~3 米处。这种姿势容易维持平衡。

②高姿势

学生持球背对投掷方向，右脚尖贴近圆圈，脚跟正对投掷方向，重心在右脚上。左脚在后，并以脚尖或前脚掌着地，距右脚 20~30 厘米。上体正直放松，左臂自然上举或前伸，两眼看前下方 3~5 米处。这种姿势较为自然放松，能协调地进行滑步动作、提高速度。

(3) 滑步技术

良好的滑步技术能使学生的身体和铅球获得一定的预先过渡，并为最后用力创造良好的条件，提高成绩 1.5~2.5 米。

在做滑步前，学生可做 1~2 次预摆。当摆动腿向后上方摆出，上体自然前俯，左臂自然地伸于胸前。然后左腿回收，同时弯曲右腿，当左腿回收到接近右腿时，身体重心略向后移，紧接着左腿向投掷方向拉出，右腿用力蹬伸，当脚跟离地面后，迅速拉收小腿，右脚向内转扣，并用前脚掌着地，落在圆圈中心附近，与投掷方向约成 130°角。这时左脚要积极下落，以前脚掌内侧迅速地落在直径线左侧靠近抵制板处。两脚落地的时间越短越好，以利用动作连贯，并能迅速地过渡到最后用力。

(4) 最后用力和投掷后维持身体平衡

在推铅球运动中，学生投掷铅球的方法不同，其最后用力维持身体平衡的方法也不同，以背向滑步技术为例，学生最后用力后的身体平衡具体如下。

当学生的左脚积极着地的一刹那，最后用力就开始了。在滑步拉收右腿的过程中，右膝和右脚就向投掷方向转动，右脚着地后还要不停地蹬转，并推动右髋向投掷方向转动。上体也逐渐向上抬起。在右髋的不断前送中很快地向左转体，挺胸抬头，左臂摆至身体左侧制动，两脚积极蹬伸，同时右臂将铅球积极推出，在铅球快离手时，手腕和手指迅速向外拨球。投球的角度一般为 38°~42°。当球离手后，立即将右腿换到前面，屈膝、降低重心，以维持身体平衡。

2. 掷标枪技术学练

（1）握枪和持枪

①握枪

握标枪的方法主要有现代式握法和普通式握法两种，以右手投掷为例介绍如下。

现代式握法：现在国内外学生大都采用的握法是将标枪斜握在掌心，拇指与中指握住标枪绳把末端第一圈上端，食指自然地贴在标枪上，无名指与小指也自然握住绳把。

普通式握法：用拇指和食指握住标枪绳把末端的第一圈，其余三个手指握住绳把。

②持枪

持枪的方法有很多，不管是哪一种持枪方法都应有利于持枪助跑发挥速度，有利于引枪并控制标枪的位置和角度，并保持肩部放松和持枪臂的放松。以下重点介绍肩上持枪法和腰间持枪法。

肩上持枪：把标枪举在肩上，弯曲的投掷臂和手腕控制标枪，标枪的尖部略低于尾部，整个标枪稍高于头部，放松手腕。

腰间持枪：握枪后将标枪置于腰侧，助跑时枪尖在后，枪尾在前，持枪助跑仍像平跑时那样前后摆臂，进入投掷步时再引枪，将枪尖对准投掷方向。这种方式引枪时，须翻手腕将枪尖对准前方，因此难度较大。助跑时肩、臂动作自然放松。

（2）助跑技术

同推铅球的滑步、掷铁饼的旋转一样，掷标枪的助跑的作用是给器械获得预先速度，并控制好标枪的位置，为引枪和超越器械创造良好的条件。掷标枪的助跑由两个部分组成。第一段是预跑，即持枪跑，第二段是标枪特殊的助跑，即投掷步。

①预跑阶段

掷标枪的助跑一般要 25～35 米。从第一标志到第二标志约 15～20 米距离作为预跑阶段，通常跑 8～14 步。预跑段时，投掷臂持枪，上体稍前倾，用前脚掌着地，高抬大腿，蹬伸动作有力，动作轻快而富有弹性，并且助跑的节奏性要强，持枪臂和另一臂要与两腿动作协调配合，两眼平视，头部自然抬起。

学生在预跑段的助跑应是逐渐加速的，助跑的步长也要稳定，助跑阶段也要能控制，以便于完成投掷步和最后用力为前提。据有关资料介绍，掷标枪助跑时的速度，相当于本人最高跑速的 60%～85%，就是适宜助跑速度。但这也得根据个人的技术熟练程度而定。尤其对初学者来说，预跑段的助跑速度更要控制，如果对技术熟练，可提高助跑速度。

②投掷步阶段

在掷标枪的投掷步过程中，包含着一个特殊的交叉步，为此，有人把掷标枪的投掷步叫作交叉步阶段。投掷步是从第二标志开始，到投掷弧这一段距离内的助跑。实际上是从预跑加速，过渡到最后用力直至标枪出手这一系列的动作阶段。投掷步的任务是通过特殊的助跑技术，使下肢动作加快，在快速跑向前运动中完成引枪，并且通过投掷步形成身体超越器械，为最后用力和出手创造良好条件。投掷步通常跑4~6步，男子需9~15米，女子8~13米。投掷步有两种形式，具体如下。

跳跃式投掷步：该投掷步形式腾空时间较长，两腿蹬伸的力量大，有利于引枪动作和超越器械的完成，动作也比较轻快自如。但这种跳跃式的投掷步，要防止跳得过高，造成重心起伏过大，影响动作的直线性和连贯性。

跑步式投掷步：近似平常跑步，特别是向前速度较快，身体向前平直，但不利于形成身体的超越器械。

（3）最后用力和标枪出手后的身体平衡

学生在投掷步的第三步右脚落地后，髋部顺向前惯性继续运动，身体继续向前运动，在身体重心越过了右脚支撑点上方时（左脚还未着地），右腿积极蹬伴用力。左脚着地时，左腿做出有力的制动动作，可加快上体向前的运动速度。右腿继续蹬地，推动右髋加速向投掷方向运动，使髋轴超过肩轴，并带动肩轴向投掷方向转动。在肩轴向投掷方向转动的同时，投掷臂快速跑向上翻转，使上体转为面对投掷方向，形成"满弓"姿势。此时投掷臂处于身后，与肩同高，与躯干几乎成直角，标枪处在肩上后方，掌心向上，枪尖向前。当学生的身体形成"满弓"后，胸部继续向前，将投掷臂最大限度地留在身后，右肩部的肌肉最大限度地伸展。由于向前的惯性的作用，左腿被迫屈膝，但随即做迅速有力的充分蹬伸，同时以胸部和右肩带动投掷臂向前做爆发性"鞭打"动作，并使用力的方向通过标枪纵轴。

标枪出手后，保持身体平衡是全过程的结束动作。为了防止人体越过投掷弧而造成犯规，标枪出手后，右腿应及时向前跨出一大步，降低身体重心，以保持平衡。为了保证最后用力时学生可以大胆向前做动作而又不犯规，注意最后一步左脚落地点至投掷弧的距离应在1.5~2米，避免距离过远或过近。

第二节 体操运动教学指导

一、体操运动的基本概况

体操一词来源于古希腊语，古希腊人将从事锻炼的各项走、跑、跳、攀登、爬越、舞蹈、军事游戏的内容统称为体操，体操是当时所有运动的总称。这一概念沿用了较长时间。19世纪末，欧美各国相继涌现了一些新的运动项目，并建立起"体育是以身体活动为手段的教育"的新概念。至此，体育一词才逐步取代原来体操的概念成为身体运动的总称，体操也从内容和方法上区别于其他的身体运动形式，形成自身独立的运动项目和现代的概念。

现代国际竞技体操向难、新、美、稳相结合的艺术化方向发展。女子项目"男性化"，移植男子项目的动作，这就更加推动新技术的研究。可以预期，随着竞赛复杂化、选手年轻化与训练科学化等程度的不断提高，体操技术将会迅速发展到一个新的水平。

二、体操运动技术教学指导

（一）体操初级技术教学

1. 技巧

（1）倒立

①肩肘倒立。坐撑，上体后倒，收腹举腿，当脚尖至头上方时，两臂在体侧下压，两腿上伸。至倒立部位时，髋关节充分挺开，臀部收紧，屈肘手撑背部，停住。

②头手倒立。蹲撑，两手在体前撑地与肩同宽，用头的前额上部在手前约等边三角形处顶垫。一脚稍蹬地，另腿后上摆，接近倒立时，并腿上伸，身体挺直成头手倒立。

③手倒立。直立，两臂前上举，接着体前屈，两手向前撑地（同肩宽），稍含胸，一脚蹬地，另腿后摆。当摆动腿至垂直上方时，蹬地腿向摆动腿并拢，顶肩立腰，全身紧住成手倒立。手倒立的控制，如重心向前时，手指要用力顶住，同时稍抬头顶肩。如重心向后时，掌跟用力，稍冲肩。

④直臂屈体分腿慢起手倒立。由分腿屈体立撑开始，肩稍前移，含胸顶肩，收腹向上提臀，两腿靠紧体侧。当臀部上提接近垂直部位时，两腿由两侧向上并拢，同时肩随之后移。成手倒立。

（2）平衡

①俯平衡。直立，单腿后举，上体慢慢前倒，成单脚站立，另腿尽量向后高举，挺胸抬头，两臂侧举成平衡姿势。

②侧平衡。由站立开始，一脚站立，一腿侧举，同时上体侧倒，一臂上举，另一臂稍屈贴于体后，成侧平衡姿势。

2. 单杠

（1）蹬地翻上成支撑

①动作要领

直臂正手握低杠站立，屈臂上步于杠前垂面，后腿由后经下向前摆动。同时前腿蹬地向后上方跳。同时，屈臂用力引体、倒肩、腹部靠杠，当身体转斜到45°时，双腿伸直并拢，当身体翻转后水平时，制动双腿，抬上体，翻撑杠，两臂伸直成腹撑。

②练习方法

第一，跳上支撑前倒慢翻下；

第二，单腿蹬高处做翻上。

③保护与帮助

保护者站在杠前侧方，当练习者蹬地后，一手托其臀部，另一手托其肩部帮其翻转。

（2）后向大回环

①动作要领

由手倒立开始，身体下落时要直臂顶肩，脚向后远伸，身体尽量伸直，使身体重心远离握点，前摆接近下垂直部位时要"沉肩"，体稍后屈，摆过垂直部位30°~40°时，迅速向前上方兜腿，稍屈髋，当身体接近杠上垂直部位时，向上伸腿展髋，同时顶肩翻腕成手倒立。

②练习方法

第一，悬垂大摆，体会沉肩；

第二，在海绵包前做手倒立、顶肩后翻成俯卧。

第三，在保护与帮助下练习。

③保护与帮助

保护者站在杠侧高台上，一手从杠下翻握其手腕，另一手托其肩使其倒立。

（3）单腿骑撑后倒挂膝上

①动作要领

右腿骑撑开始，两臂伸直撑杠，向后摆左腿，推双手，身体重心后移，右腿屈膝挂杠，上体后倒。身体重心远离杠面，当身体转到杠垂面对，左腿加速向前上摆。当转到斜上45°时压穿右腿，翻腕立腰，握紧双手制动，双腿前后大分腿成骑撑。

②练习方法

第一，保护者站其身侧抱后腿，在练习者后移重心时拉腿到离杠极远处；

第二，挂膝摆动；

第三，在保护帮助下练习。

③保护与帮助

保护者在杠前站立，一手从杠下扶其肩，另一手扶其后腿部，后摆后腿，当后摆到极点后一手扶肩，一手挽扶挂膝膝关节，帮其固定转轴，托肩手帮其翻转。

（4）悬垂摆动屈伸上

①动作要领

悬垂前摆开始，收腹成直角沉肩，过杠下垂面后收腹屈体，双腿靠杠面到前摆极限，回摆同时直臂压杠穿腿、跟肩成支撑腿继续后摆。

②练习方法

第一，低杠正握，屈体充分拉肩，后跳收腹，脚踏垫子放浪；

第二，用跑放浪上跳做屈伸上。

③保护与帮助

保护者站在杠前侧面，一手杠下扶其肩，帮助加大放浪，一手在其臀过模具垂面扶腿帮其收腿屈体。在回摆时一手托其背，一手托其腿，帮其后上成支撑。

（5）支撑后倒屈伸上

①动作要领

由支撑开始，两臂伸直撑杠，上体后倒，当身体失去支撑时，收腹、屈髋，两腿沿杠面落到脚靠近杠前成屈体悬垂前摆，身体前摆时肩和臀充分远送，后摆到支撑，技术与悬垂摆动屈伸上相同。

②练习方法

第一，支撑后倒放浪；

第二，推杠跳起做短振屈伸上。

3. 双杠

（1）支撑摆动

①动作要领

前摆从后摆最高点开始，以肩为轴，身体保持直体自然下摆，脚尖向后远伸，肩稍前移。当身体到支点时顶肩向前上方兜腿、顶肩、梗头，按惯性紧腰，身体自然展开，肩角充分拉开。后摆从前摆最高点开始，身体保持伸直，身体自然下摆。固定肩，双臂用力支撑。当身体下摆接近垂直部位前，髋关节稍屈，摆过垂直部位后，加快腿的"鞭打"，含胸顶肩，以肩为轴自然后摆，顶臂使肩角充分拉开。

②练习方法

第一，学习正确的支撑，并在双杠支撑移动；

第二，小幅度支撑摆动。

③保护与帮助

保护者站在练习者侧面，另一只手扶其肩部，一手托腹（后摆）或托臀（前摆）。

（2）分腿坐前滚翻成分腿坐

①动作要领

分腿骑坐，两手靠近大腿内侧握杠，上体前倒，顺势提臀、屈体，同时双肘内收顶住两肋使臀前上移至双手支点后，迅速开臂成双肩和手共同组成支撑面。并腿前滚，双手迅速向前换握杠，臀部接近杠面时，两腿分开并下压，两臂压杠跟肩成分腿坐。

②练习方法

第一，低山羊放在杠端，在杠面上放一块垫子，在杠端做前滚翻落于垫上；

第二，在帮助下完成动作。

③保护与帮助

保护者站在练习者侧面，一手托其腿，另一手杠下托肩，帮助提臀、屈体、前滚，换手时托其背，防止掉下。

（3）分腿坐慢起肩倒立

①动作要领

分腿骑坐，双手在大腿内侧靠近大腿处握杠，夹肘置于两肋部，低头，前移重心，提臀，当重心移过支点后，双臂开肘以双肩、双手组成支撑面，双腿从两侧拢并腿，抬头立腰倒立。

②练习方法

第一，头手倒立；

第二，杠端从山羊上做双杠肩倒立；

第三，在保护帮助下完成。

③保护与帮助

保护者站在练习者侧面，一手扶其背部，另一只手扶腹部或扶髋部。

（二）体操进阶技术教学

1. 技巧

（1）滚动与滚翻

①手倒立落下经胸滚动成俯撑。由手倒立开始，肩稍前倾，两臂有控制的弯曲并尽量

使身体后屈下落。抬头使胸部先着地，接着腹、大腿、小腿依次触垫滚动，两臂顺势撑直成俯撑姿势。

②前滚翻。蹲撑，提臂，两脚稍蹬地，同时屈臂，低头，含胸，用头的后部、颈、肩、背、腰依次触垫前滚。当滚到背腰时两手迅速抱腿，上体紧跟大腿成蹲立。

③"鱼跃"前滚翻。半蹲姿势开始，重心前移，两臂前摆，同时两脚蹬地，使身体向前上方跃起。腾空后，保持含胸稍屈髋的弧形姿势，接着两手撑地，两臂有控制地弯曲，低头含胸前滚起立。

④鱼跃前滚翻直腿起。助跑，单起双落向前上方跳起，髋角应保持在135°左右。两手撑地，有控制地屈臂低头含胸前滚。当滚至腰臀部位时，上体猛向前压，同时两手在大腿外侧用力向后撑地成屈体站立。

⑤挺身鱼跃前滚翻。助跳要有速度，起跳要有力。躺起后要积极后摆腿，同时挺胸抬头，身体充分展开。手撑地时，两臂有控制地弯曲，接着低头含胸，团身前滚起立。

⑥经手倒立前滚翻。由手倒立开始前倒，当感觉失掉平衡后，迅速屈臂低头含胸前滚翻。滚至背部时，立即团身抱腿起立。

⑦后滚翻。蹲立，重心后移，团紧身体并保持一定速度后滚。当滚到肩、颈部，身体重心超过垂直部位时。两手在肩上用力推垫，使身体翻转，两脚落地成蹲撑。

⑧屈体后滚翻。直立，上体前屈，重心后移，两手后伸在腿外侧撑地。接着臀部后坐，上体后倒，举腿翻臀，屈体后滚，两手置于肩上。当滚到肩部时，两手在肩上用力撑垫使身体翻转，经屈体立撑起立。

⑨后滚翻经手倒立成屈体立撑。并腿坐上体后倒，举腿后滚，两手在肩上撑垫，眼看脚尖。当滚至脚尖接近与头垂直时，迅速向上伸腿展髋，同时用力推手，顶肩，紧身，抬头经手倒立。接着屈体下落，两臂控制使肩稍前倾，收腹落下成屈体立撑。

（2）手翻

①侧手翻。预备姿势是侧向站立，臂侧举，左腿侧举，头左转。上体左侧倒，左脚落地（脚尖向左），右腿侧摆。左手撑地，左腿随之蹬地摆起。右手撑地，经分腿倒立（这时应顶肩，立腰，展髋，分腿）继续翻转。推开左手，右脚落地（脚尖向右），身体侧起成开立。

②头手翻。直立、上体快速前屈（稍屈膝），两手向前撑地，接着两脚离地，两臂弯曲，用头的前额上方在两手之间稍偏前的位置顶地。经短暂的屈体头手倒立过程，当身体重心超过支撑垂面上方后，两腿猛力向前上方蹬伸，充分展髋。同时，两手用力推地，挺胸抬头，使身体向前上方腾起。落地时脚前掌先落地，然后全脚掌落地，两臂上举。

③前手翻。趋步，右脚向前踏地，上体前压，左腿后摆两臂向前撑地，接着右腿蹬地

后摆。接近倒立时，快速顶肩推手，使身体向前上方腾起。腾空时要挺身、抬头、紧腰，两腿并拢，前脚掌先着地，两臂上举。

④后手翻。两臂前举站立开始，稍屈膝屈髋后坐，两臂自然后摆。重心后移，当身体向后失去平衡时，两臂迅速经前向上后甩，稍蹬地，抬头、"挑"腰，身体充分后屈。经低腾空，向后翻转接着两手撑地，利用反弓手倒立的反弹力顶肩推手，收腹提腰，脚落地成直立。

2. 单杠

（1）支撑后摆下

①动作要领

由支撑开始，两腿先向前预摆。肩部稍前倾，接着双腿向后上方摆腿，两臂伸直支撑。当后摆到极点要下落时，稍含胸制动，双腿顶肩推手，挺身落下。

②练习方法

第一，低杠支撑后摆下，手不离杠；

第二，支撑后摆；

第三，在保护下完成。

③保护与帮助

保护者站在杠后侧方，一手托其腹部，另一手托其腿部帮助后摆，然后扶身体落地。

（2）骑撑前回环

①动作要领

由右腿骑撑双手反握开始，两臂伸直撑杠，身体重心前移前提臀，右腿上举向前迈出。以左腿大腿前部压杠为轴，上体前倒靠近右大腿，当转270°时，右腿压杠，展髋，左腿继续后摆，两臂伸直压杠，翻腕立腰分腿成骑撑。

②练习方法

第一，帮助者站在练习者前抱其右腿做迈步提臀前倒上体；

第二，在杠前设立标志物练习前回环。

③保护与帮助

保护者站在杠后，一手杠下扶手腕，另一只手扶大腿后部使其固定转轴，在转过270°后托后背帮其成骑撑。

（3）支撑后回环

①动作要领

支撑开始，双腿向前预摆，肩部稍前倾，接着双腿后摆，双臂伸直撑杠，然后身体下落腹部贴杠面后，上体迅速后倒，双腿前摆，以腹部为轴，稍屈髋，两臂压杠回环，当转过杠的垂面后，制动双腿，抬上体挺胸，展髋，翻腕立腰成支撑。

②练习方法

第一，支撑后摆贴腹；

第二，保护帮助下支撑后倒腹回环；

第三，在保护帮助下完成。

③保护与帮助

保护者站在杠前，一手杠上扶肩，一手杠下扶大腿，帮助后摆前移肩，当回摆贴腹后进行转动，扶其臀固定转轴。

（4）腹撑前腿摆越成骑撑

①动作要领

腹支撑开始，重心左移，左手直臂支撑，同时向上摆右腿，推右手离杠，右腿摆到最高点向杠前放右腿成骑撑，回原重心右手再握。

②练习方法

第一，原地模仿练习；

第二，在保护帮助下完成动作。

③保护与帮助

保护者站于杠后，一手托肩帮其移动重心，另一只手扶腿帮其侧上摆并前放。

3．双杠

双杠动作主要是以摆动、摆越、展伸、弧形、回环、空翻和静止用力动作为主。双杠动作移动范围大、变化复杂，可以支撑做，也可以是悬垂做。既可以支撑，也可以侧撑；既可在两杠上做动作，也可以在单杠上做动作。规则要求一套双杠动作编排要以摆动、转体、空翻为主，动作结构组合要多样，连接要紧凑连贯，不可出现不必要的静止和无价值的动作或连接。

（1）分腿骑坐前进

①动作要领

由支撑前摆开始，当前摆两腿过杠面时，立即向前上两侧分腿，分腿落于两杠面成骑坐，推手重心前上移，用两大腿内侧压杠挺身上立。过支点后上体前倒，双手向远处撑杠，同时两腿伸直，用大腿压杠反弹，后摆并腿，支撑自然前摆。

②练习方法

第一，练习支撑摆动前摆分腿坐；

第二，在帮助下双手压杠反弹并腿支撑摆动。

③保护与帮助

保护者站于杠侧，一手扶练习者的肩部（杠上），一手杠下托其腹部。

(2) 支撑前摆向左直角下

①动作要领

支撑前摆开始，当身体过杠面推右手向左推并移重心向左，当腿摆到极点制动，双手握左侧单杠，左手侧平举，右手单臂支撑，挺身跳下。

②练习方法

第一，右腿体前蹬单杠，推右手向外移身体跳下；

第二，双手握左杠，双腿蹬两杠跳下；

第三，在保护与帮助下完成。

③保护与帮助

保护者立于练习者左侧，当练习者摆腿过杠面后，一手拉其左肩外移，另一只手托其臀部。

(3) 挂臂前摆上

①动作要领

由摆臂开始，前摆到杠垂面稍沉肩加速兜腿，身体摆到杠面突然制动，压臂跟肩支撑，身体继续上摆，肩充分顶开

②练习方法

第一，体会前摆制动；

第二，分腿仰卧于双杠，练习压臂跟肩；

第三，在保护与帮助下完成后摆动作。

③保护与帮助

保护者站在练习者侧面，一只手握其上臂，另一只手在杠下托送髋部。

第三节 球类运动项目教学指导

一、篮球运动教学指导

(一) 篮球运动技术教学指导

1. 传接球技术

(1) 传球技术

①双手胸前传球。两手手指自然分开，拇指相对成"八"字形，用指根以上部位持

球，手心空出。两肘自然弯曲于体侧，将球置于胸腹之间的部位，身体成基本站立姿势。传球时，在后脚蹬地、身体重心前移的同时前臂迅速向传球方向伸出，拇指用力下压，手腕前屈，食指和中指用力拨球将球传出。

②单手肩上传球。双手持球于胸前，两脚平行而立，传球时（以右手传球为例），左脚向传球方向迈出半步，右手托球，同时将球引到右肩上方，肘部外展，上臂与地面近似平行，手腕后仰。左肩对着传球方向，重心落在右脚上，右脚蹬地，转体，右前臂迅速向前挥摆，手腕前屈，通过食指、中指拨球将球传出。球出手后，右脚随着身体重心前移而向前迈出半步，保持基本站立姿势。

（2）接球技术

①双手接球。双手接球时，两眼注视来球，两臂伸出迎球，手指自然分开，两拇指成"八"字形，手指向前上方，两手成一个半圆形。当手指触球后，两臂随球后引缓冲来球的力量，两手握球于胸腹之间。

②单手接球。如用右手接球，则右脚向来球方向迈出，两眼注视着来球。接球时，手掌成勺形，手指自然分开，右臂向来球的方向伸去。当手指触球时，手臂顺势将球向后下引，左手立即握球，双手将球握于胸腹之间，保持基本持球姿势。

2. 运球技术

（1）高运球

高运球时两腿微屈，上体稍前倾，眼平视，以肘关节为轴，前臂自然伸屈，用手腕、手指柔和而有力地按拍球的后上方。球的落点控制在运球的手臂的同侧脚的外侧前方，使球的反弹高度于胸腹之间。

（2）低运球

运球时，两腿应迅速弯曲，重心下降，上体前倾，球的落点在体侧，用上体和腿保护球，同时，用手腕和手指短促地按拍球的后上方，使球控制在膝关节的高度。

3. 投篮技术

（1）原地单手肩上投篮

以右手投篮为例。两脚开立，两膝微屈，身体重心在两脚之间，上体稍前倾，右手翻腕托球于右肩前上方，手指自然张开成球状，手心不要贴球，球的重心要落在中指和食指之间，左手帮助扶在球的侧下部，右肘自然下垂，腕关节放松；下肢蹬地的同时，右臂向前上方伸展，手腕向前扣动，手指拨球，将球柔和地送出。球出手后，手腕放松，手指自然向下。

(2) 行进间单手肩上投篮

跑动中右脚跨步时接球，左脚跨步迅速蹬地起跳，右腿屈膝上抬，同时举球至右肩上，腾空后当身体接近最高点时，右臂向前上方伸出，手腕前翻，食、中指拨球，通过指端将球投出。投篮出手后，两脚同时落地，两腿弯曲，以缓冲落地的力量。

5. 防守技术

(1) 防无球队员

①防接球

防接球是防守对手无球时的首要任务，必须在对手接球前就开始防守，要有预测性并积极采取行动去限制或减少对手接球，特别是在有效攻击区内接球。即便是在处于被动的情况，也要积极跟防、追堵，破坏对手顺利地接球，使其不能立即采取攻击行动，以利自己调整位置。要始终保持对手和球在自己的视线范围之内，要做到人球兼顾，保持良好的防守姿势，屈膝降低身体重心，以便应变起动，要特别注意起动与移动步法的衔接和平衡的控制。在动态中要使自己处于"球—我—他"的有利位置上，同时伸出同侧手臂挡在传向自己对手的来球路线上，另一手臂要伸向对手可能切入的方向。在常规情况下，仍要形成"球—我—他"钝角三角形。防接球时，丝毫不能放松对其摆脱或切入的警惕。

②防切入

防切入是指对进攻队员企图切入或已摆脱切入的防守。防切入最忌的是看球不看人，一定要坚持"人球兼顾、防人为主"的原则，一旦对手有所行动，必须采取个步堵截、凶狠顶挤、抢前等防守方法，使其不能及时起动或降低其速度。如果对手迎球方向切入，则主动堵前防守，背对球方向则防其后，目的都是切断对手接球路线。对手切入后只要没有获球，其威胁会大大降低。关于溜底线的切入，有两种跟防方法：一是背向球，面向对手、观其眼神，封阻其接球；另一种是用后转身，面向球，背靠防守用手触摸，紧贴其身跟随移动。防反切则以后脚为轴快速向内侧转身，快速堵逼，抢占近球内侧位置，不让对手接球，并准备断球和打球。

(2) 防守有球队员

①防传球

持球队员离球篮较远时，其主要的传球意图是向中锋供球和转移球。防守时要根据其位置和视线，判断其传球意图，控制其进攻性的传球。对手离篮较近时，主要防其突然传（分）球，应注意对手眼神和假动作——往往是眼向上看，球向下传；眼向右看，球向左传等。防守队员要精神集中，随球动而采取打、封、阻动作。打球时以肘关节为轴，前臂上下、左右迅速屈伸。必要时配合脚的动作，用抢、打、断球破坏其传球。

②防运球

在一般情况下，为了不让对手运球超越自己，防守队员应与对手保持一臂左右的距离，两臂侧下张，两腿弯曲，在积极移动中保持正确的防守姿势，准确判断，随时准备抢、打球。如果要使防守具有攻击性，也可以采用贴近对手的平步防守，以扩大防守范围，增加对手做动作的难度。防守持球队员要根据对手的特点和本队的策略，采用不同的防守方法和策略，如为了达到一定的战术目的，可采用放其一侧，堵中放边的策略，诱使对方向边线运球，然后迫使其停止运球，造成夹击防守。

③防投篮

防对手中距离投篮时，应站在对手与球篮之间贴近对手的位置上，两脚前后斜立，屈膝直腰，前脚同侧手伸向对手瞄篮的球，并积极挥动，干扰和影响其投篮，重心略偏前脚，并稍微提踵，脚下要不停地前后碎步移动。另一臂侧张，以防其传球和保持自身平衡，以便随时变换防守动作。如果防守队员距离对手较远时，应在对手接到球的同时，迅速移动到适当距离的位置上；如果对手已接到球，而防守队员的距离较远时，防守队员就应积极挥摆前伸的手，同时积极移动脚步，逐渐接近对手，防止其接球后立即投篮。防守队员向前移动时切忌步幅太猛和过大，以免失去身体平衡，使对手获得突破的机会。如果投篮队员进行投篮时，或防守队员上步不及时，则应随对手的出球动作，迅速顺势起跳，单臂上伸封盖，影响其投篮的方向和出手的角度。

④防突破

防突破的位置和距离的选择，应根据持球的对手离球篮的远近和对手的特点而定。对手距球篮远，又善于突破时，防守队员应以防突破为主，抢占持球队员与球篮之间贴近对手的位置，做好防守姿势。如持球队员由投篮变为向防守队员左侧突破时，防守队员的前脚应迅速用前脚掌内侧用力蹬地，撤步并迅速向左侧斜后方滑步，阻截其突破路线；如进攻队员变投篮向防守队员右侧突破（交叉步突破）时，防守队员应迅速蹬地向有侧斜后方做后撤步，并伴随对手做横滑步，阻截其突破路线，使其被迫改变动作方式和动作方向。

(二) 篮球运动战术教学指导

1. 了解篮球战术意识

篮球战术意识从广义上讲是指运动员对篮球比赛规律的客观理解和认识。具体地讲指运动员通过专项理论知识的学习和反复的技、战术实践，根据比赛情况，通过感觉、观察、思维、判断来支配自己的行动，在场上运用合理的技术或行动来完成进攻或防守的表现形式。可分为进攻战术意识与防守战术意识、个人战术意识与集体战术意识等。

2. 篮球战术意识的培养需要具备的能力

（1）有目的应用技术动作的能力

在比赛中，运动员合理地运用正确的技术动作，利用战术部署充分地发挥自己的水平，目的明确，努力使自己的每一个动作都带有战术目的。

（2）对比赛情况的预见能力

篮球比赛的特点是对抗激烈，攻守转换快，运动员为了做出正确行动，就必须洞察比赛的攻守态势，预见比赛的发展，准备好各种应对方法。

（3）准确判断的能力

比赛中运动员正确的应变来自于准确的判断能力，只有判断准确，才能充分地发挥技战术水平。

（4）灵活机动的应变能力

运动员在比赛中要能根据场上情况的变化适时地调整自己的行动。

（5）隐蔽动作或战术意图的能力

在比赛中为了使进攻或防守行之有效，运动员要注意隐藏和隐蔽自己真实的动作意图和战术意图。

3. 熟练掌握篮球基本技术和基本战术

熟练的基本技术是适应比赛的前提。在基本技术训练时，对各项基本动作的动作要领要反复强调，技术难点要反复练习，提高手指、手腕对球的控制能力、手感等，使运动员建立正确的技术定型。技术定型的形成既是强化动力定型的过程，也是理性思维的过程。因此，切忌把技术训练当成简单的增加次数和延长时间，教练员要在基本技术练习中经常地向运动员对技术进行讲解和技术分析，使运动员不但知其然，还要知其所以然。

在战术训练中，无论是基础战术配合，还是全队战术，都要运动员明确各自的职责、行动路线、配合形式。通过教练员对各项战术的讲解和分析，加深运动员对篮球战术运用规律的理解，提高他们的战术思维能力。要不断加强训练的难度和变化，通过丰富的练习形式培养他们在复杂的条件下分析判断形势、估计预测形势变化以及迅速果断做出决策的能力，从而提高战术意识的有效性。

二、排球运动教学指导

（一）排球运动技术教学指导

1. 发球技术

（1）正面上手发球

面对球网，两脚自然开立，左脚在前，左手持球于体前。用抬臂和手掌的平托上送，将球平稳地垂直抛于右肩的前上方，高度适中。在抛球的同时，右臂抬起，做屈肘后引的姿势，挺胸，抬头，肘与肩平行，上体稍向右侧转，注意球下落的时机。利用蹬地转体和迅速收腹的动作来带动手臂自然有力地快速挥出，其身体重心自然向前移至左脚，用全掌击球的中下部，同时手腕应有向下推压的动作，使球成上旋的运动形式飞行。击球时，手指自然张开吻合球。击球后，随着重心前倾，迅速落位参加比赛。

（2）正面下手发球

面对球网，两脚前后开立，略同肩宽，左脚在前，两膝微屈，上体稍前倾，重心偏向于后脚，左手持球放于腹前。左手将球轻轻抛起在体前右侧，抛向约离身体正前方的40厘米处，高度离手20厘米。在抛球之前，右臂伸直，以肩为轴摆向身体的右侧后下方。借右脚蹬地力量，身体重心随着右手向前摆动击球而移至前脚上。在腹前以全手掌击球的后方。随着击球动作重心前移，迅速入场。

（3）跳发球

站位于距端线3~4米处，单手或双手向前上方将球抛起，一般抛至离地面高3.5~4米，落点在端线附近，随着抛球离手向前助跑跳起。起跳时两臂要协调摆动，摆幅要大。击球时利用收腹和转体动作带动手臂挥动。击球点保持在右肩前上方，手臂伸直，利用全手掌击球的中下部，且有推压动作，使球呈上旋飞行。击球后，双膝缓冲，双脚落地，迅速入场。

2. 传球技术

（1）正面双手传球

采用稍蹲准备姿势，上体稍挺起，仰头看球，两手自然抬起，屈肘，放松置于额前。当来球接近额前时，开始蹬地、伸膝、伸臂，手指微张从脸前向前上方迎出。全身各部位动作应协调一致。击球点在脸额前上方约一球距离处。在迎球动作的基础上，当手和球即将接触前，手腕和手指要有前屈迎球的动作，当手和球接触时，各大关节应继续伸展，最后用手指、手腕的弹力将球击出。

（2）背传

身体的背面正对着传球的目标，上体保持正直或稍微后仰，把球垫向目标为背向传球。球来时，头稍后仰并挺胸，上体向后上方伸展的同时配合下肢蹬地。击球时，手腕适当后仰，使掌心向后上方，击球的底部，利用蹬地、送髋、抬臂、送肘、手指、手腕主动向上方的力量将球向后上方传出。

（3）跳传

根据传球的高低，及时起跳，手放在脸前，当身体上升到最高点时，靠伸臂动作和手指手腕的弹击力量将球传出。由于在空中无支撑点，用不上蹬地力量，只有靠伸臂动作将球传出，因此必须在身体下降前传球出手，才能控制传球力量。

3. 拦网技术

（1）单人拦网（图7-1）

图7-1 单人拦网

队员面对球网，两脚平行开立，约与肩同宽，离网30~40厘米。两膝稍屈，两臂在胸前自然弯曲。注意观察和判断对方场上队员的行为和球的飞行情况，随时准备移动和拦网。

为了及时对正扣球，可根据各种情况采用并步、交叉步、滑步等移动步法，迅速取好起跳点，准备起跳。原地起跳时，重心降低，两膝弯曲，用力蹬地，使身体垂直起跳。

起跳时，两手从额前贴近并平行球网向网上沿的前上方伸出，两臂伸直，两肩尽量上提。拦网时，两臂尽力过网伸向对方上空，两手接近球，并自然张开，当手触球时，两手要突然紧张，手腕用力下压盖住球的前上方。手腕的主动用力盖帽捂球，使球反弹角度小，对方不易防守，为了防止打手出界，2、4号位队员的外侧手掌心要向内转。

选择拦网的部分不能只根据球的位置，更主要的是根据扣球人的动作。除事先了解扣球人的特点之外，主要根据扣球人的身体位置和挥臂方向。因此，在根据球的位置起跳时，就要把注意力转移到扣球人的动作上，最后根据其挥臂方向，判断球的过网位置，双手最后伸向这个部分拦网。如果已伸手拦网后，又发现扣球人转变扣球方向，也可采用空中移位拦网，伸向对方扣球方向那一侧的手，手腕可以加侧倒动作，扩大拦区。

如已将球拦回，则可面对对方，屈膝缓冲，双脚落地。如未拦到球，则在下落时就要随球转头，并以转头方向相反的一只脚先落地，随即转身面向后场，准备接应来球或做下一个动作的准备。

（2）集体拦网

①双人拦网

双人拦网是集体拦网的主要形式。双人拦网，主要由2、3号位或3、4号位队员组成。根据对方不同的进攻位置，其具体分工也不同。当对方从4号位组成拉开进攻时，应以本方2号位队员为主，3号位队员移动并拢协同配合拦网，组成双人拦网；如果球较集中，则以3号位队员为主，2号位队员进行配合拦网。当对方从3号位进攻时，一般应以本方3号位为主，4号位协同配合；若对方从2号位进攻，则以本方4号位队员为主，3号位队员进行协同配合拦网。

②3人拦网

3人拦网，多在对方进行高点强攻的情况下运用，在组成3人拦网时，不论对方从哪一个位置进攻，都应以本方3号位队员为主拦者，两边队员主动配合拦网。

（二）排球运动战术教学指导

1. 进攻战术

（1）夹塞进攻

如图7-2所示，3号位队员先扣短平快球，4号位队员突然切入扣半高球。

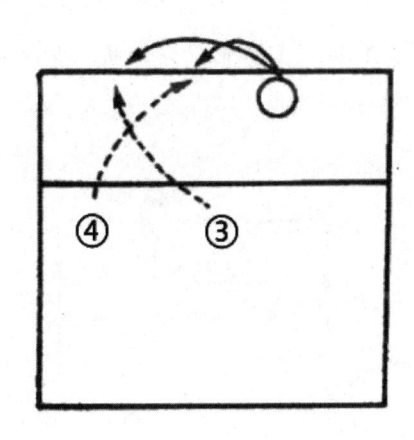

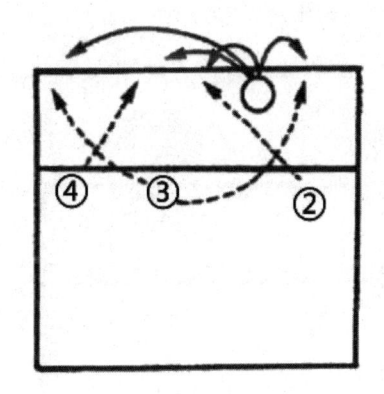

图 7-2　夹塞进攻　　　　　　图 7-3　双快-游动进攻

（2）双快-游动进攻

如图7-3所示，2号位或4号位队员进行快球进攻，3号位队员观察对方场上的拦网情况，选择跑动到 2 号或 4 号位进攻。

(3) 交叉进攻

①如图 7-4 (a) 所示，3 号位队员跑到 4 号位附近扣半高球，4 号位队员跑到二传身边扣近体快球或短平快球。

②如图 7-4 (b) 所示，2 号位队员做背快掩护，3 号位跑动扣二传背后的短平快或半高球。

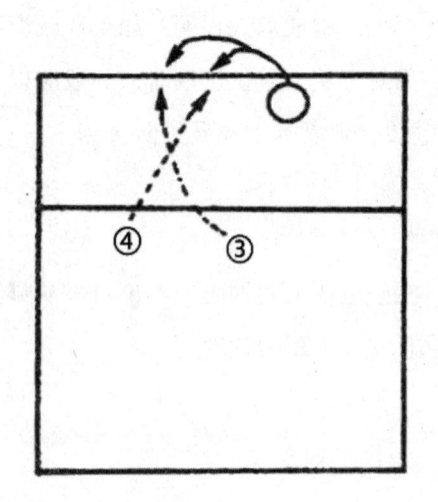

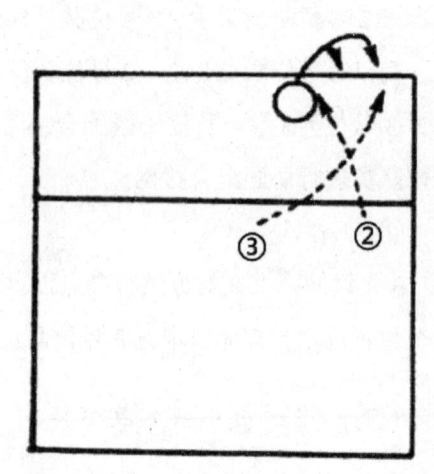

图 7-4 交叉进攻（左 a, 右 b）

(4) 梯次进攻

(1) 如图 7-5 (a) 所示，梯次进攻可由 4 号位队员跑动到二传队员前面扣近体快球进行掩护，诱使对方拦网，二传队员则将球传给距网稍远一点的 3 号位队员扣半高球。

(2) 如图 7-5 (b) 所示，还可以 3 号位跑到二传队员身前做快球掩护，4 号位队员跑到 3 号位队员身后扣半高球。

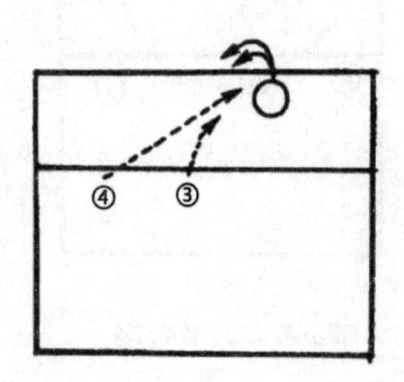

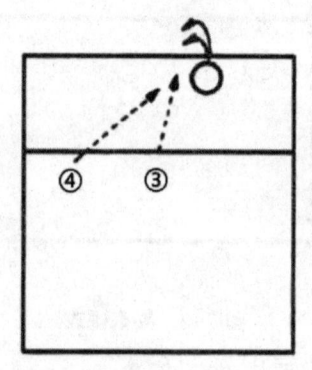

图 7-5 梯次进攻（左图 a, 右图 b）

2. 防守战术

(1) 接发球战术

①2人接发球

如图 7-6 所示，可用 2 名后排队员负责全场接发球，另 1 名后排队员不接发球，专门准备进行后排进攻。

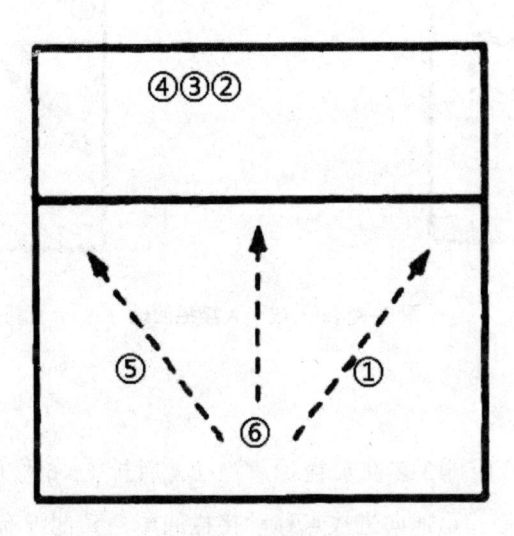

图 7-6　2人接发球

如图 7-7 所示，采用专人接发球站位阵型，保持 2 名接发球好的队员接发球，采用"心二传"进攻阵型，1 号位队员专门准备组织前排和后排进攻战术。

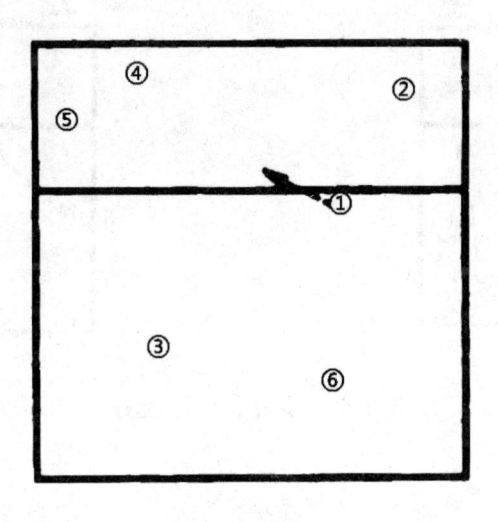

图 7-7　专人接发球站位阵型

②3人接发球

3人接发球可采用前排两名队员和一名插上队员不接发球，或前排3名队员都不接发球，而由后排队员担负全场一传任务（如图7-8）。

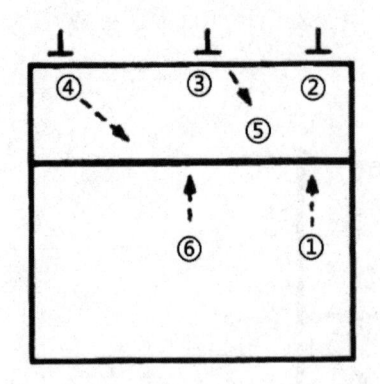

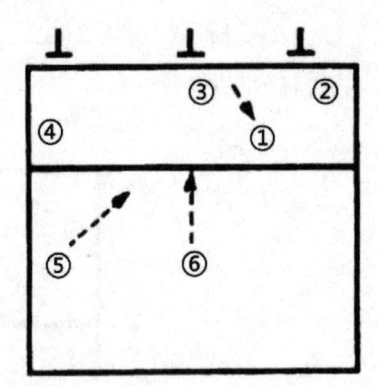

图7-8　2人或1人接拦回球

（2）接拦回球阵型

①2人或1人接拦回球

如图7-9（a）所示，前排3名队员掩护、跑动，后排1、6号位队员进行后排进攻，5号位队员传球后立即下撤，迅速向进攻点移动接拦回球。其他没有扣球的队员都应尽可能地参与接拦回球，以加强接拦回球的力量。

如图7-9（b）所示，前排3名队员掩护、跑动，后排6号位队员进行后排进攻，1号位队员传球后立即下撤，5号位队员迅速向进攻点移动接拦回球。

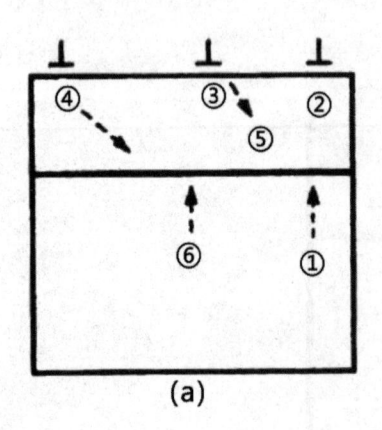

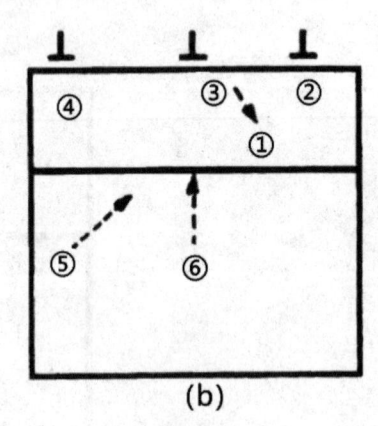

图7-9　2人或1人接拦回球

②3人接拦回球

如图7-10（a）所示，前排3名队员掩护、跑动，最终的进攻点在2号位，1号位队员传球后立即下撤，5、6号位队员迅速向2号位移动接拦回球。

③4人接拦回球

4人接拦回球一般采用"二二"站位。以2号位进攻为例，如图7-10（b）所示，1号位队员插上，跳传给2号位进攻，3、5号位队员负责前场区，4、6号位队员负责中场区及后场区。

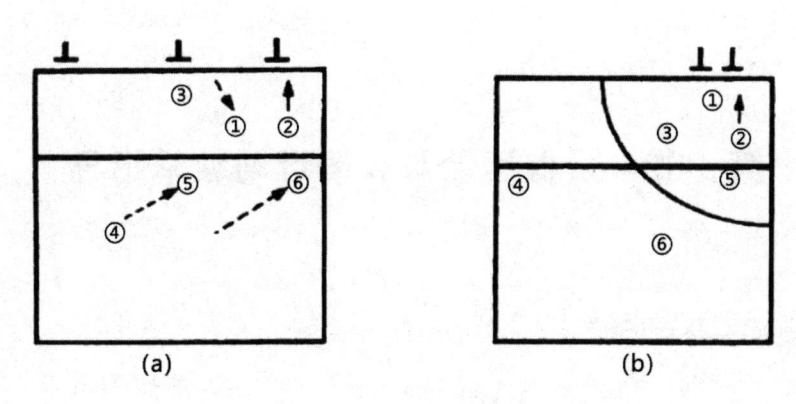

图7-10 3人接拦回球/4人接拦回球

第八章 高校时尚休闲运动项目教学指导

第一节 瑜伽运动与轮滑运动教学指导

一、瑜伽运动教学指导

(一) 瑜伽运动基本概况

健身瑜伽是一种老少皆宜、安全有效的运动,不仅能调节全身,而且能增进心理与生理的健康。瑜伽是东方最古老的健身术之一,它起源于印度,流行于全世界。瑜伽一词源于梵语"Yoga"之译音,有结合和联系之意,这也是瑜伽的宗旨和目的,即为达到冥想而集中意识之义。

瑜伽起源于印度,是古代印度哲学弥漫差等六大派中的一派,已有5 000多年的历史。在印度,人们相信通过瑜伽可以摆脱轮回的痛苦,内在的自我将和宇宙的无上我合一;相信通过瑜伽可以将产生轮回的种子烧毁,一切障碍都将不存在。从广义上讲,瑜伽是哲学,从狭义上讲瑜伽是一种精神和肉体结合的运动。

起初,瑜伽修持者只有少数人,一般在寺院、乡间小舍、喜马拉雅山洞穴和茂密森林中心地带修持,由瑜伽师讲授给那些愿意接受的门徒,以后瑜伽逐步在印度普通人中间流传开来。如今的瑜伽,再也不是只限于少数隐居者仅有的秘密,它已经是印度人民几千年来从实践中总结出的人体科学的修炼法。瑜伽已在全世界范围内广泛传播。印度已出现了许多专门研究瑜伽的学校。

现在一般讲瑜伽,是指锻炼身体的健身方法,用来增进人们的身体、心理和精神的健康。瑜伽的渊源十分古老久远,在有文字记载的历史开始以前,它就已经存在了。在中国,真正的瑜伽师和练瑜伽的人并不多,仅仅是近几年,瑜伽才走进健身房,开始被大众熟悉。

瑜伽作为一种心智修练的方法,集动静于一体,通过姿势、呼吸和冥思的结合,达到健身、修心与养生的功效，是现代人减压、修身养性的新兴运动项目。它正以不同形式改变着人们的生活方式、价值观和审美观。瑜伽逐渐成为一种时尚，成为许多人生活的一部分。

（二）瑜伽运动基础教学指导

1. 瑜伽的呼吸

（1）瑜伽胸式呼吸法

慢慢吸气时，把气体吸入胸部区域，胸骨、肋骨向外扩张，腹部应保持平坦。当你吸气量加深时，腹部应向内收紧。呼气时，缓慢地把肺内浊气排出体外，肋骨和胸部回复原位。

（2）瑜伽腹式呼吸法

吸气时，用鼻子把新鲜的空气缓慢、深长地吸入肺的底部，随着吸气量的加深，胸部和腹部之间的横膈膜向下降，腹内脏器官下移，小腹就会像气球一样慢慢鼓起；呼气时，腹部向内、朝脊椎方向收紧，横膈膜自然而然地升起，把肺内的浊气完全排出体外，内脏器官复原位。

（3）瑜伽完全式呼吸法

瑜伽完全式呼吸法是把胸式呼吸和腹式呼吸结合在一起完成的正确自然的呼吸。轻轻吸气时，首先把空气吸入肺的底部，腹部区域起胀，然后是空气充满肺的中部、上部，这时，就是从腹式呼吸过渡到胸式呼吸。当你已经吸入双肺的最大容量时，这时你会发觉腹壁和肋骨下部向外推出，胸部只有稍微移动。呼气，按相反的顺序，首先放松胸部，然后放松腹部，尽量把气吐尽，然后有意使腹肌向内收紧，并温和地收缩肺部。整个呼吸是非常顺畅的动作，就像一个波浪轻轻从腹部波及胸膛中部再波及胸膛的上半部，然后减弱消失。

2. 瑜伽的冥想

（1）冥想坐姿

瑜伽基本坐姿是进入瑜伽冥想层面的训练，根据动作的特点及动作强度的差异，瑜伽基本坐姿分为以下几种。

①简易坐。坐在地上，两腿向前伸直，弯起右小腿，把右脚放在左大腿之下，弯起左小腿，把左脚放在右大腿之下。把双手放在两膝之上，你的头、颈和躯干都应该保持在一条直线上，而毫无弯曲之处。

②半莲花坐。坐下，两腿向前伸直，弯起右小腿并让右脚脚板底顶紧你的左小腿内侧，弯起左小腿并把左脚放在你的右大腿上面。尽量使头、颈和躯干保持在一条直线上，以这个姿势坐着直至感到极不舒服，然后交换两腿的位置，继续再坐下去。这个姿势为莲花坐打下基础。

③莲花坐。先做坐下的姿势，两腿向前面伸直，用双手抓着你的左脚，把它放在右大腿上面，脚跟放在肚脐区域下方，左脚板底朝天。用双手抓着你的右脚，把它扳过左小腿上方，放在左大腿之上。把右脚跟放在肚脐区域下方，右脚板底也朝天。脊柱要保持伸直，尝试努力保持两膝贴在地上，尽量长久地保持这个姿势，交换两腿位置，并重复这个练习。

④金刚坐。双膝弯曲，臀部放在脚跟上，双脚拇指相碰，被称为"坐法之王"，是静坐或不动之姿的意思。以不动的姿势，将臀部尽量往后挪的话，颈部的姿势就比较容易做得正确。

⑤雷电坐。两膝跪地，两小腿胫骨和两脚脚背平放地面，两脚靠拢。两个大脚趾互相交叉，使两脚跟向外指，伸直背部，将臀部放落在两脚内侧，在两个分离的脚跟之间。

（2）冥想手势

瑜伽冥想时的手势又称"冥想手印"。手印是可以发挥强大效果的修行方法，练习时每一个手指都有象征性的意义，手的各个部位表现身体、大脑和心灵的状态。小指代表泰默，是惰性、懒散、黑暗；无名指代表拉加，是活力、动作、激情；中指代表萨伐，是纯洁、智慧、和平；食指代表吉伐泰默，是个体心灵；拇指代表帕拉玛泰默，是无处不在的宇宙个体。

①禅那手印。两手叠成碗状，将拇指尖相连。将完成姿势的手放在踝骨上。这是比较古典的手印，意味着空而充满力量的容器。女性右脚和右手在上，男性左脚和左手在上。可以平和、稳定精神。

②智慧手印。手掌向上，大拇指与食指相加，其他三指自然伸展。此手印代表把小宇宙能量和大宇宙的能量合一，即人与自然合一，可以让人很快进入平静的状态。

③能量手印。无名指，中指和大拇指自然相加，其他手指自然伸展。此手印可以排出体内的毒素，消除泌尿系统的疾病，帮助肝脏完好；调节大脑平衡；让人更有耐心，充满自信。

④生命手印。大拇指、小拇指、无名指相加，其他两指自然伸展。可增强人的活力。

⑤秦手印。也称下巴式。手势手掌向下，大拇指和食指指端轻贴一起；作用与智慧手印相同。

⑥双手合十手印。即阴阳平衡手印，放在胸前做成冥想的姿势，手掌之间要留一些空间，意味着身体和心灵的合一、大自然和人类的合一。此手印可以增加人的专注能力。

（三）瑜伽运动体位教学指导

1. 脊柱扭动式

挺直身子坐着，两腿前伸，左小腿向内收，左脚底挨近右大腿内侧。将左臂举起，放在右膝外侧，伸直左臂抓住右脚。伸出右手，高与眼齐，双眼注视指尖。右臂保持伸直，慢慢转向右方，直至右手背放在左腰上。做深长而舒适的呼吸，保持15~20秒。用完全相反的顺序恢复原态，再做相反方向的练习。

2. 单腿交换伸展式

双腿向前伸直坐着，慢慢吸气，两手上升高过头部，两臂向前伸，身躯略向后靠。慢慢呼气，向前弯上身，两手尽量抓住左脚，将躯干拉近腿部，两肘向外弯曲。放松颈部，让头部下垂。保持这个姿势10秒钟或更长久之后，换左腿做同样的练习。

3. 鸽式

首先放松坐着，曲双膝，左膝向外，左脚板紧靠右大腿内侧。右脚板朝天，双手把住右脚踝，使右脚尽量靠近身体，保持上体直立。保持这个姿势尽量长久的时间之后，换反方向做同样的练习。

4. 骆驼式

两大腿与双脚略分开跪在地上，脚趾指向后方，吸气，两手放在髋部，将脊柱向后弯曲，然后在呼气的同时，把双掌放在脚底上，保持两大腿垂直于地面，头向后仰。一边保持这个姿势，一边将颈项向后方伸展，收缩臀部的肌肉，伸展下脊柱区域。保持30秒之后，两手放回髋部，慢慢恢复预备姿势。

5. 身腿结合式

仰卧，抬高双腿，并保持膝盖伸直，当双腿已垂直于地面时呼气，抬起髋部和下背部，两腿伸展至头上方，并伸向头后。两腿弯曲，将大腿移向胸部，躯干便向后方移动，直到能够把膝盖都贴在地面上。也可以把双手顺势滑向背后抓住两脚脚踝，从而能够用手帮忙把膝盖抵紧双肩，然后两手臂抱住大腿，做缓慢而深长的呼吸。只要感到舒适，可以尽量长久地保持这个姿势。

6. 肩倒立式

这个姿势的梵文名字原意是"全身"，因为它有益于整个机体。开始时仰卧，两臂向下按、以求平稳，慢慢将腿抬离地面。当椎垂直于地面时，升起髋部，将腿部向头部后方送得更远，让两腿伸展在头部之上。接着用手托住腰部两侧，支撑起躯干。收紧下巴，让它顶住胸部。舒适地呼吸，保持这个姿势1~3分钟。

7. 蛇击式

双手双膝着地，做动物爬行状，一边保持两手按住地面，一边把臀部放落在两脚跟上，并把头贴在地板上，做叩首式。保持胸膛高于地面，一边吸气并将胸膛向前移动，伸直双臂，放低腹部直到大腿接触地面，胸部向上挺起。背部呈凹拱形，眼睛向上注视，正常地呼吸。保持这个姿势10~20秒之后，再慢慢按反过来的程序做，恢复到叩首式。重复10次。

8. 三步蹲式

挺身站立，两脚大分开，脚尖向外，手指在体前相交，两臂轻松下垂。弯曲双膝。身体慢慢降低约30厘米后伸直双腿恢复直立姿势。再次弯曲双膝，将身躯下降得比第一次略低一些，伸直双腿，恢复直立姿势。第三次弯曲双膝，将臀部下降到与膝盖同一高度，伸直双腿，恢复直立姿势。当降低身躯时，就呼气；升高时，就吸气。重复6~12次同样的练习。

9. 侧三角式

保持两膝伸直，将右脚向右转90°，呼气，双臂伸直，将上身躯干转向右方，让左手在右脚外缘碰触地板，右臂向上伸展，与左臂成一条直线。保持姿势，双眼注视右手指尖，伸展双臂及肩胛骨。恢复常态时吸气，先后缓慢将双手、躯干转至常态。交换方向做同样的练习，两侧的练习应保持相同的时间。

10. 树式

开始时直立，两脚并拢，两手掌心向内，两臂靠近左右大腿内侧，然后将右脚跟提起到腹股沟和大腿上半部区域，右脚尖向下，右脚放稳于左大腿上。一边用左腿平衡全身站着，一边双掌合十。两臂伸直，高举过头。保持这个姿势半分钟到一分钟之后还原站立姿势，继续把左脚放在右腿上，重复练习。

11. 战士第三式

两腿大分开，吸气，双掌合十，高举过头顶并尽力伸展，呼气，右脚与躯干向右旋转90°，左脚向右方略转动。曲右膝直到大腿与地面基本平行，左腿伸直，两眼注视合十的双掌，伸展脊柱。

接着呼气，将上身躯干向前倾，双臂保持伸直，手掌合十，一边伸直右腿，一边把左腿举离地面。

右腿完全伸直后，左腿举高至与地面平行，此时，双臂、上身和左腿应该形成一条与地面平行的直线，右腿应与这条直线成直角。

保持这个姿势约 20 秒，然后呼气，回到第一个姿势上来。

12. 拜日式

拜日式又叫向太阳致敬式，是人们最常做的瑜伽姿势之一。拜日式由以下一系列动作组成。

①放松站立，两脚靠拢，两掌在胸前合十，正常呼吸。

②双手食指相触，掌心向前，双臂高举过头顶，缓慢而深长地吸气，上身自腰部起向后方弯下。

③呼气，慢慢向前弯身，用双掌或两手手指接触地面，不要弯曲双膝。以不感到太费力为限，尽量使头部靠近膝盖。

④保持手掌和右脚不离开地面，慢慢吸气，同时左脚向后伸展。

⑤慢慢把头部向后上方抬起，胸部向前方挺出，背部则呈凹拱形。

⑥一边慢慢呼气，一边将右脚向后拉，使两脚靠拢，脚跟向上，臀部向后上方收起。伸直四肢，身体好像一座山峰的样子。

⑦一边呼气，一边让臀部微微向前方摇动，一直到两臂垂直于地面为止，然后蓄气不呼，弯曲两肘，胸膛朝地板方向放低。

⑧一边保持胸部略高于地面，一边慢慢呼气，胸部前移，直到腹部和大腿接触地面。然后吸气，慢慢伸直两臂，上身从腰部向上升起。头部像眼镜蛇式那样向后仰起。

⑨呼气，同时臀部升高，双手、双脚支撑地面。

⑩一边吸气，一边弯曲左腿并将左脚伸向前面。

⑪头部向上看，胸部向前挺，脊柱呈凹拱形。试图把这个动作和上一个动作做连贯，一气呵成。

⑫一边保持两手掌放在地板上，一边慢慢呼气，右脚收回放在左脚旁边。低下头，伸直双膝。

⑬一边慢慢抬高身躯，两臂伸直举过头顶，背部向后弯。

⑭一边呼气，一边回复到开始的姿势，两手掌在胸前合十。

二、轮滑运动教学指导

（一）轮滑运动基本概况

轮滑也叫"滚轴溜冰""溜旱冰"，是穿着带轮子的鞋在坚实、平坦的地板或水磨石地上进行的运动。

轮滑运动是一项历史悠久并具有国际性的体育运动。据有关资料记载，它诞生在18世纪，是由荷兰的一名滑冰爱好者，为了在夏天也可以滑冰，而发明了最初的轮滑鞋，后来经欧美的一些人多次对轮滑鞋的改造，使这项运动得以普及，并逐渐发展。

轮滑运动可以有效地提高和改善人体中枢神经系统功能，提高呼吸系统、消化系统、血液循环系统功能，全面协调和综合发展速度、力量、耐力、灵敏性等各方面的素质，增强臂、腿、腰、腹肌肉的力量和身体关节的灵活性，对提高人体的平衡能力有很大的作用。轮滑运动集健身、竞技、娱乐、趣味、技巧、休闲于一身。它受气候和场地条件的限制较小，用具携带方便、技术容易掌握，所以深受青少年喜爱。随着该运动的不断完善，轮滑运动如今已十分普及，已成为都市休闲健身生活的一种新时尚。

（二）轮滑运动基础技术教学指导

1. 基本站立

（1）"丁"字站立

脚穿轮滑鞋，扶物成丁字步站立，前脚跟卡住后脚的脚弓，上体稍前倾，双膝自然弯曲。身体重心落在后脚上。然后两脚交换位置，再呈丁字步站立，到站稳为止。

（2）"八"字站立

站立时两脚跟靠近，脚尖自然分开，上体稍前倾，双膝自然弯曲，身体重心落在两脚之间。重心平衡后双脚换成平行站立，上体仍前倾，使重心落在两脚之间。

（3）平行站立

在丁字脚站立的基础上，前脚向侧移，两脚平行站立与肩同宽。上体稍微前倾，两脚自然弯曲，两臂自然下垂，身体重心落在两脚之间。

2. 移动重心

（1）原地移动重心

①原地左右移动练习：两脚平行站立，上体稍向一侧倾移，逐渐将重心完全转移至一

条腿上支撑，待稳定后再向另一侧移动。

②原地抬腿练习：两脚平行站立，上体稍前倾，重心移至左腿，右腿稍抬起、放下；然后以同样方法练习左腿。练习时要注意放腿时应保持脚下的轮子同时着地。

③原地蹲起练习：两脚平行站立，做下蹲并站起的动作。可先做半蹲，逐渐加大下蹲的幅度，直至快速深蹲并做短时间的静蹲后再站起。练习时要注意在屈伸踝、膝、髋三个关节时的协调配合。

(2) 外"八"字脚移动重心

两脚成外"八"字脚站立，重心移至左脚，右脚向前迈一小步，重心随之移至右脚上，然后左脚向前迈进一步，重心随之移至左腿上。反复进行练习，逐渐加快迈步频率和加大迈进距离。注意收脚时应尽量保持脚下的轮子同时着地。

(3) 侧向移动重心

两脚平行站立，重心向右侧移动，随之左脚向左侧横跨一步，右脚迅速靠拢，待稳定后再进行向右侧的下一步。如此反复进行 5~6 步后再向左侧做相同练习。

(4) 横向交叉步移动重心

两脚平行站立，先将重心移至左腿上并继续向左移动稍超出左腿支撑点，收右腿，右腿向左腿前外侧迈步成双腿交叉姿势，重心随之移至右腿上，成右腿支撑重心，接着收左腿向侧跨一步，成开始姿势。如此反复进行 5~6 步后再向右侧做相同练习。

(三) 轮滑运动滑行技术教学指导

1. 直道滑行

(1) 单脚蹬地双脚滑行

双脚平行站立，距离稍窄于肩。用左脚轮内刃蹬地，将身体重心推送至向前滑行的右腿上，左腿蹬地后迅速收腿与右腿并拢成两脚滑行；当速度降下来时再用右脚轮内刃蹬地，将身体重心推送至向前滑行的左腿上，右腿蹬地迅速收腿与左腿并拢成两脚滑行。

(2) 单脚蹬地单脚滑行

两脚八字站立，身体前倾，两臂自然下垂，两腿弯曲（小腿夹角 90°~110°）。用右脚轮内刃蹬地，用左脚轮平刃向前滑出，随着蹬地动作结束，把身体重心推送至左脚上，左腿成半蹲支撑向前借惯性滑行；接着向前收右腿，同时用左脚轮内刃蹬地，右脚用轮平刃向前滑出，随着蹬地动作结束，把身体重心推送至右脚上，右脚成半蹲支撑向前惯性滑行。反复进行。

（3）直道滑行的摆臂动作

有力摆臂是顺着身体纵轴前后加速摆动的动作，分为单摆臂和双摆臂两种。单摆臂多用于长距离的滑行，双摆臂多用于短距离滑行中和中长距离的终点冲刺。前摆臂时与滑行方向一致，肘部微屈，手摆到与肩同宽的位置。后摆臂时手臂伸直，摆动高度稍过于肩的高度。整个动作要协调、积极有力。

2. 弯道滑行

弯道滑行技术和直道滑行技术有着显著的区别。弯道滑行技术要点是，练习者要用交叉步滑行，一脚要用轮外刃，另一脚要用轮内刃。弯道滑行技术的关键是摆臂动作与蹬地动作的配合。弯道摆臂动作可以维持平衡，增加轮子的蹬地力量，提高滑行频率。

（1）基本步法

身体成半蹲姿势，两脚用轮正刃支撑站立，与肩同宽，练习时左脚用轮外刃支撑，右脚用轮内刃向右侧蹬地，左脚支撑做前外曲线滑行；右脚蹬地后迅速与左脚并拢，接着右脚再做一次蹬地动作，左脚继续做前外曲线滑行。

（2）交叉步滑行

当左脚用轮外刃站稳时，右脚即向左脚左侧前方迈一小步，只要右脚有短暂的滑行之后，左脚就迅速从右腿后方收回，同时右脚蹬地左脚直线滑行。重复上述动作。

3. 向前滑行

（1）单脚向前直线滑行

原地两脚成"T"形站立，左脚在前，右脚在后，两腿稍弯曲，用右脚内刃蹬地，重心慢慢移至左腿，右腿蹬直后右脚蹬离地面，成左脚向前滑行。然后收右脚在左脚侧面落地，左脚蹬地重复上述动作，成右脚单脚向前滑行。两脚交替向前直线滑行，两手自然分开，维持身体平衡。

（2）前双曲线滑行

两脚平行站立，左脚以内刃向侧肩蹬地（四轮不离地），身体重心在右脚，向右滑双脚曲线，然后右脚用内刃向侧后方蹬地，重心偏向左脚，向左滑双脚曲线，依次连续进行。

4. 向后滑行

（1）向后葫芦滑行

两脚稍稍分开，平行站立，脚尖稍向内，两腿弯曲，用两脚内刃向前蹬地，同时两脚跟向两边分开，向后外滑至最大弧线时，两脚跟收拢，两膝用力伸直，恢复至开始姿势，随后重复上述滑行动作,连续向后滑行。

(2) 向后蛇形滑行

两脚分开约一脚距离,两腿弯曲,脚尖稍向内转。用右脚内刃向前下方蹬地,身体重心移向左侧,成左脚向后滑行。右腿伸直,随即右脚放在左脚侧面,恢复开始的姿势。然后再用左脚蹬地,身体重心移向右侧,成右脚的向后滑行。左腿伸直,随即左脚放在右脚的侧面。依次重复上述动作,连续向后滑行。上体始终保持稍前倾姿势,两膝弯曲,两臂自然张开。

5. 制动方法

(1) 脚跟制动法

在慢速滑行时将有制动脚的脚前伸,脚尖抬起使后跟上的制动胶着地,前腿用适当力量压地,使制动脚与地面摩擦,逐渐减速而停止。

(2) "T"形制动法

单脚向前滑行,浮足在滑行脚的后跟处成"T"形放好后,将浮足慢慢放在地面上,以内侧轮柔和地压紧地面,减速向前滑行直到停止。

(3) 双脚平行制动法

在快速滑行时,双脚略靠近,身体迅速转体 90°,同时带动两脚转体 90°,重心快速降低,腿弯曲,用双脚的轮子与地面摩擦使之减速停止。

(4) 内"八"字制动法

向前滑行中,两脚平行分开站立,然后脚尖内转,两脚以内侧轮柔和地压紧地面,两腿弯曲,上体稍前倾、下蹲,两臂前伸维持身体平衡,逐渐减速至停止。

第二节　台球运动与高尔夫球运动教学指导

一、台球运动教学指导

(一) 台球运动基础教学指导

1. 身体姿势

身体要面向所击的主球与目标球。两脚约齐肩宽站立(左脚稍前),左腿向前微屈,右腿伸直，右脚尖向外侧自然转动45°~80°。上体前俯，右肘提起，握杆手与肘关节处在同一条与地面相垂直的线上。两眼水平前视，使面部中线与球杆和右臂处在一个垂直面上。

击球时要全身放松，只在击球一瞬间才用力，两脚占有宽度与肩齐宽。身体要正面面向球台，击球时弯身向前俯，全身的重量要压在脚上，而决不能压在手上，这样会影响击球。

2. 握杆方法

握杆时要握牢球杆，不使球杆滑动，但又要使手处于松弛状态，这样击球才有力量，才有弹性。

最佳的握杆位置由球杆的重心位置、击球的力量和被击主球的位置这几个因素所决定。一般球杆的重心位置在杆尾1/4~1/3处，凭手感大约可以估计出来。重心的测量方法：伸直左手或右手的食指，将球杆摆在食指上，然后慢慢调整球杆位置，能使球杆平衡的那一点即是球杆的重心位置。找到重心后，握杆的位置就可以确定了，一般是离重心向杆尾一端的6~9厘米。击打不同位置的球时，握杆位置也要适当变化。

3. 击球动作结构与方法

任何一种体育运动均有它特定的动作结构，台球运动亦如此，它的运动结构是由瞄准、架杆、运杆、出杆击球和随势跟进构成的。

（1）瞄准

我们提出的瞄准方法，是任何一位台球选手在击球开始前都必须做的。一般来说，在击球前首先要做的事是走到目标球附近，看看目标球的下球行进路线，再看一下目标球的下球击点，并确定瞄准点，最后需要做的就是去击打主球，来完成击目标球落袋的要求。

①目标球线路的确定

第一，确定目标球进哪个袋更为有利。

第二，确定目标球的中心点和袋口中心呈一条直线，并没有其他影响整个球体顺利进袋。

②目标球击点的确定

第一，在确定了目标球下球线路后，即可确定目标球的击点。

第二，由目标球所对的球袋中心，经过目标球中心点延长，这条线与目标球球体外缘相交，这个相交点便是目标球的击球点。

第三，可以先用球杆在目标球的击点上瞄一下，以便在心中留下一个清晰的目标球击点的印象。

③瞄准点的确定

第一，目标球上的击点确定后，接下来便要确定目标球的瞄准点。

第二，从目标球的击点向后再量出一段与球体半径相等的长度，这个半径长度的最远点，就是瞄准点。

第三，主球的位置在目标球中心与袋口中心点直线延长线左、右两侧的90°范围内。只要瞄准点不变，在此范围都能将目标球击入球袋。

(2) 架杆

架杆就是用手给球杆一个稳定支撑和对杆头在主球的击球点进行调节的姿势。架杆是打好台球的重要的环节。

①基本架杆方法

基本架杆方法有两种。

第一，"V"形架杆：先将整个手掌放在台面上，将拇指以外的四指分开，手背稍微弓起，拇指翘起和食指的根部相贴形成一个"V"形的夹角，球杆放在"V"夹角内。需要注意的是，架杆手的掌根、小拇指、食指以及拇指处大鱼际部位要充分地贴住台面，切勿使架杆向左侧或右侧翻起，以确保架杆的稳定。

第二，凤眼式架杆：左手指张开，指尖微向内弯曲，用拇指和食指扣成一个指环，并与球杆成直角，掌握和中指、无名指、小指构成稳定支撑。

第一种架杆方法常用在斯诺克台球中，第二种架杆方法多用在开伦台球、美式台球中。根据击打主球点不同，架杆手背可以由平直、稍弓起和弓起去找击球点的下、中、上点。

②特殊架杆方法

台球比赛中，主球的位置是千变万化的。当主球靠近库边以及主球后面有球时，都需要运用特殊的架杆方法。

第一，当主球靠近台面边时，架杆手须用四指压在台边上。

第二，当主球和台边有一定距离时，架杆手可以用四指抓住台边。

第三，当主球后有一其他球时，架杆上手需要将四指立起来，避免球杆碰到球。

(3) 运杆

在击主球前，台球选手都会有一个运杆的过程，这个过程可分解为三个部分：运杆、后摆和暂停。

① 运杆

在确定击打主球的部位后，便开始做运杆动作。运杆时，要求身体保持稳定，持杆手的手臂进行前后运杆，运杆时应尽可能使球杆平直运摆。运杆的目的是获得击球的准确性，运杆的次数不宜太多，但运杆的节奏要均匀。

② 后摆

后摆的幅度大小取决于所需要的击球力量。在肌肉用力相同时，后摆幅度大，球杆击球力量也要大，后摆动作要做到"稳"和"慢"，以保证出杆的平直。

③ 暂停

暂停是在出杆前的一个短暂的停顿，略屏呼吸，减少胸廓由于呼吸产生的起伏，以此保证平稳出杆。

（4）出杆击球

正确地握杆、身体姿势、架杆以及运杆是进行有效击球的重要的准备工作，而出杆触击球则是台球击球动作结构中最重要的环节，决定最终击球的效果。

出杆击球是在后摆停顿后所完成的动作。以肘关节为轴，前臂向前送出，触击球瞬间，根据击球的要求，注意对手腕力量使用的控制，避免由于过分抖动手腕造成击球的不准确。出杆时，肩部和身体不要用力，出杆动作要果断、清晰，即便是打一个轻缓的球。

（5）随势跟进

击球后的球杆跟进动作，是为了保证击球的力量充分作用在主球上以及击球动作的协调连贯。适当的跟进动作对击球动作的完成起着重要的作用，如果跟进太多，杆头出得太长，会使肩、肘下沉，破坏击球动作的正确性，影响击球质量；如果跟进太少，则会使击球动作发紧，力量不能有效作用于主球，也不能保持好出杆击球的稳定性。

（二）台球运动杆法技术教学指导

台球的击球技术方法复杂多变，其基本的杆法与应用如下。

1. 推进球技术

技术动作：握杆击球时，应保持轻松的姿势，球杆击主球的中心点或中上点，进杆的力量取决于主球与目标球的位置，并有明显旋转前进的特点。

技术效果：推进球技术的结果应是目标球向预定的方向前进，而将主球置于距下一个球较为有利的位置。

2. 跟进球技术

技术动作：做好击球准备，握杆手保持球杆水平，手架靠近主球，击主球的中上点，出杆的力量根据主球走位距离的长短而定。

技术效果：打跟进球的目的就是在主球碰撞目标球后，主球能继续向前滚动，并停在打下一个目标球的位置上，主球跟进的距离比主球推进距离明显要长。

3. 定位球技术

技术动作：做好击球准备，球杆保持水平。击主球的中心点，使之平衡滑行前进。出杆时要有爆发力、有弹性，短促有力，如目标球较远，可击打主球的中心点稍偏下，以确保主球的定位。

技术效果：主球撞击目标球时，将动能传递给目标球，目标球由此而向前滚动，主球却停在撞击目标球时的位置上。

4. 缩杆球技术

技术动作：做好击球准备，击球时架杆手尽量放低平些，球杆保持水平，击主球的中下点，出杆时要果断、迅速，进杆后要保持击杆的姿势，不可回撤或转动球杆。

技术效果：主球碰撞到目标球后，目标球沿主球作用力的方向直线向前滚动，而主球却逆向向后滚动。在同力度下，由于主球和目标球的距离不同，缩杆的效果也不同。

5. 侧旋球技术

技术动作：击侧旋球时，球杆要保持水平，击球点要准确，出杆时要略向前送。击球时球杆呈水平状态，主球直线前进；击球时随握杆手的提高，主球前进路线的弧度增加。

技术效果：撞击主球左侧形成顺时针方向的旋转，碰到目标球时，主球运动方向向右偏转，目标球产生相反方向的自旋；撞击主球右侧形成逆时针方向的旋转，碰到目标球时，主球运动方向向左偏转，目标球产生相反方向的自旋。

二、高尔夫球运动教学指导

(一) 高尔夫球运动基本技术教学指导

1. 握杆

握杆是指球员双手握住球杆的位置和方法，是最基本的动作。正确握杆可以利于球员手臂发力，控制击球力量的大小和球的飞行方向，从而把球打到预想的位置，相反，错误的握杆法则会影响击球的效果和准确性。

（1）重迭握杆法

这种握法被普遍使用。

动作要领：将左手掌贴于球杆握柄处，手背正对目标，使球杆握柄从食指的第二关节起斜向通过掌心。以小指、无名指和中指将球杆握在小鱼际和小拇指指根间，食指自然收拢握住球杆。拇指沿球杆握柄纵长自然伸出，压按在握柄正中稍偏右侧，拇指与食指指根形成"V"形，其尖端指向颈部右侧与右肩之间。右手掌张开，掌心正朝向目标方向，紧贴在球杆握柄的右侧方，使握杆的纵长从食指第二关节开始通过中指与无名指指根，小指勾搭在左手的食指与中指间隙上，手指收拢，握住球杆，食指呈钩状弯曲，大鱼际包在左手拇指上，拇指与食指指根形成"V"形，其尖端指向颈部右侧。

（2）连锁式握法

此握法主要用于手掌较小或力量较差的女球手。

动作要领：左手手型同重叠式。握杆时，右手的小指插入左手食指与中指之间，与左手食指勾锁在一起。其特点是两手连锁在一起，容易产生一体感，且有利于发挥右手量，但掌握不好会使左手食指翘起，反而破坏双手的整体感。

（3）十指式握法

此握法较适合于手掌较小、力量差者，高龄及女球手。

动作要领：两手手掌相向，但不重叠，用十指握住球杆，类似棒球握棒方法。右手的小指与左手的食指相贴。其特点是球手能够很好地利用右手手臂力量。但由于左右之间没有任何交叉和勾搭，不易保证双手的一体性，易导致过于使用手腕，故不利于保证球的方向性。

2. 击球动作

击球动作可分为瞄球和挥杆击球两个环节，其中击球又分为引杆、下挥杆、击球、顺势摆动和结束动作等步骤。

（1）瞄球

动作要点：杆面要正对目标，然后根据杆面的位置调整身体、站位以及其他各部分的位置。瞄球中最常见的一个问题是两脚尖的连线指向目标，而不是杆面正对目标，这样就造成站位过于封闭。

姿势：两脚尖的连线要与球和目标的连线保持平行。球手要站在球后，平行地伸出双臂，其中右臂、球在一条直线上。球和目标在一条直线上，这也就是目标方向线。然后把一支球杆放在地上标出目标线的方向，将手中球杆的击球面对准球，这才是正确的姿势。

（2）挥杆击球

即整个身体围绕一个固定中心点完成的一种既协调又平衡的动作。正确地使用该动作能将球杆上抬、旋转并下挥，使球杆产生加速度，并尽可能以最大的准确（在杆面中心）

击球。挥杆的轨迹应是一个较为均匀的大圆弧。

①引杆

是指将杆头从击球准备时的状态开始，向身体的后上方摆动的动作。正确的引杆动作应是保持挥杆时身体纵轴的稳定，身体像卷线轴一样，平稳地扭转，手臂动作舒展、缓慢。在引杆动作的最后有一个制动，"制动点"正是引杆结束进入下挥杆的分界线。引杆包括后引和上挥两个动作部分，其目的是使球手获得最有利的肌肉工作状态。

第一，后引。

动作要领：杆面瞄准球的后方，使左臂与球杆成为一个整体，不要屈腕屈肘，保持两臂与肩构成的三角形，向球正后方引杆30厘米左右，自然后引时头和肩都不要动。体重由左向右移动，同时上体向右后充分转动，使身体形成扭转拉紧状态。后引动作结束时，有的球手右腿较直，身体重心略高；有的球手右腿弯曲，身体重心较低，这要根据球手的特点而定。

第二，上挥。

从引杆动作的整体来看，后引和上挥之间没有任何停顿。后引是上挥的开始，上挥是后引的延续。

动作要领：上挥时，继续保持肩与两臂构成的三角形，左肩向右转动，以杆头带动两臂；左臂伸直，右上臂基本保持固定，右腋夹住。头颈部与脊柱保持一体，两眼注视球，下颌抬起稍向右倾，左肩最终旋转至下颌的下方。胸部几乎对着目标相反方向，左肘关节微屈，右肘屈曲到最大限度。重心从两脚间移到右脚外侧，右膝伸直，左膝向右屈，左脚跟稍离地面，手腕弯曲，握牢球杆。球杆的杆身基本与地面平行。上挥球杆达到最高点时，背部朝向目标，上身较髋部侧转更大。

②下挥杆

下挥杆是指球杆上挥到顶点时，稍作制动，即开始向下挥杆动作。

动作要领：下挥时，使重心有意识地移到左脚，左膝在下挥动作时基本保持伸直。左腿用力支撑，为右腿的蹬地送髋创造条件。随着手臂向下挥杆，臀部要快节奏地转向上挥前准备击球时的姿势，借助臀部旋转产生的力量带动手臂来增加击球的力量。此时右腿的用力推动了髋部的移动，髋部的移动和领先又拉紧了右大腿的内收肌群和股四头肌，使之更有效地推动了髋部；腰部做向击球准备时的状态复原的扭转；左肩也在下肢及腰部的作用下，自然向左转动，带动在引杆上挥时被拉伸的左臂作为杠杆向下拉引球杆，在身体重心转移到左脚的同时，右肘应到达右髋处。这时杆头仍然被留在后面。

③击球

击球动作是下挥杆的组成部分，是指运用杆头的重量及其运行速度，下挥杆使球向前运行的技术。它只是完整挥杆动作轨迹中的一点。

动作要领：挥杆击球是球杆杆头通过球，而不是打向球。下挥时，保持手腕弯曲状态，至离球30厘米的击球区，才突然甩腕。恰好在两臂位置到达击球准备姿势时，球杆的杆头以最快的速度到达挥杆轨迹的最低点——球的位置，使杆头面触球的瞬间产生极大的冲击力将球击出。击球时尽可能击中甜点。击球过程中注意头部应保持固定不动，眼睛注视球。击球时，必须击在球背的正中部位，球才能向正前方飞去。如果击球顶部，球将被击到地下，出现地滚球；而击到球背侧面，球将飞向球道两侧某一方。

④顺摆动作

指击出球后球杆杆头继续向击球方向挥动的过程。顺摆动作是触球动作的延续，由于惯性，触球后球杆必须顺势挥动。

动作要领：触球后，身体重心逐步过渡到完全由左腿支撑，右踵提起，右膝向左膝靠拢，在右脚的推动下，腰部继续向左转动。身体仍绕轴心转动，在杆头的带动下，右臂逐渐伸直，右肩逐渐对准击出球的方向。杆头向目标方向大幅度挥出。在这个过程中头部始终保持不动，两眼注视击球前球的位置。

⑤结束动作

结束动作是整个挥杆击球过程的终点，它并不是刻意做出来的，而是正确、流畅而有节奏地挥杆的自然结果。

动作要领：顺摆动作充分时，右臂继续带动右肩向下颌下方转动，杆头向左后上方运动；右臂保持伸直，左腋夹住。左臂肘部随着右臂的向上运动而向上弯曲，腰和肩向左转动，身体重量全部由左腿承担，左膝保持固定，左足支撑体重部位由足内侧向足跟部外侧转移。在臂到达右肩平直高度时，头部才随着转动轴转向目标方向，两眼注视飞行中的球。

（二）高尔夫球运动基本战术教学指导

要想在高尔夫球比赛中打出好成绩，球手必须具备各种击球技术、良好的心理素质、适应较长时间比赛的体能以及运用不同战术的控制能力。高尔夫球运动的基本战术主要包括以下几个方面。

1. 制订合理的战术计划

战术计划是在比赛中实施战术的依据，制订战术计划是赛前训练最重要的任务之一。

在正规的高尔夫球比赛中，赛前要安排球手去熟悉比赛场地。球手要通过赛前练习，对开球区、球道、沙坑、水池、果岭、障碍物等有所了解。练习中应详细记录击出球的方向、弹道、跳跃程度和滚动距离，并根据这些资料和打球的体会合理制订战术计划。战术计划的制订是否合理，直接关系到技术的发挥和比赛的成绩。

2. 选择最佳的发球球位和球座高度

一场高尔夫球比赛，有18杆要在发球台发球，因此选择最佳球位，打好第一杆球是至关重要的。在规定发球区域内，发球左右位置的选择，要根据自己的技术水平和当时的风向、风力等因素决定。发球位置的高低是否利于击球，也是需要密切注意的问题。

选用不同的球杆，遇到不同的风向，球座的高度也相应有所不同。当顺风时，用1号木杆发出高弹道的球或想打左斜球时，球座应最高；一般发球，使用次高的球座；如果想打出弹道较低的球或右斜球时，球座应更低一点；如果用球道木杆或铁杆发球时，球座的高度不应超过1.25厘米。

3. 保证第一杆球的质量

一场高尔夫球比赛要打18个洞，第1洞成绩的好坏，对全场比赛成绩影响很大。要打好第1洞，首先要打好第1杆球。打高尔夫球的击球原则是在准的基础上去求远，因为其最终目的是要击球入洞，所以，要特别重视第一杆球，不仅要用力，还要注意把球打到自己瞄准的目标点。球手如果控制球的能力不强，第1洞发球时，可使用3号木杆。3号木杆虽不如1号木杆击球距离远，但击球的准确度高，球的落点好，利于下一杆击球。更重要的是，打好第1杆是良好的开端，而良好的开端往往是成功的一半。

4. 注意调整情绪，坚持特长打法

打高尔夫球要不受外界环境的影响，更重要的是能控制自己的情绪，始终以平常心打好每一杆球，即所谓赢人先赢自己。球打好了不可得意忘形，打得不好也不能丧失信心，要始终保持清醒的头脑，正确分析客观环境对自己技术的影响。

有些选手擅长打左曲球，但有时球场适合打右曲球。实践证明，在这种情况下，球手不可盲目改变战术，要坚持自己的特长打法，这样才会取得优异的成绩。

参考文献

[1] 朱岩,刘涛,赵玉珩. 大学体育教程 [M]. 上海:上海交通大学出版社,2017.08.

[2] 江宇. 大学体育与健康 [M]. 苏州:苏州大学出版社,2017.09.

[3] 张相安,杨建华. 大学体育与健康 [M]. 北京:北京邮电大学出版社,2017.08.

[4] 王夫权,刘金柱. 新编大学体育与健康教程 [M]. 成都:电子科技大学出版社,2017.04.

[5] 卢锋,柳伟,舒建平. 休闲体育活动的项目设计、策划与管理 [M]. 成都:四川大学出版社,2017.08.

[6] 张艳. 高校体育教学与体育竞赛活动研究 [M]. 北京:北京工业大学出版社,2018.12.

[7] 孙宝国. 高校体育审美教育研究 [M]. 长春:吉林美术出版社,2018.06.

[8] 邵林海. 地方高校体育教师专业发展研究 [M]. 北京:冶金工业出版社,2018.03.

[9] 马鹏涛. 高校体育教学改革创新与科学化训练研究 [M]. 北京:新华出版社,2018.03.

[10] 施倍华,章步霄,周兰. 瑜伽与体育舞蹈 [M]. 北京:中国书籍出版社,2018.01.

[11] 受中秋,王双,黄荣宝. 高校体育教育发展与改革探究 [M]. 长春:吉林大学出版社,2018.10.

[12] 宋军. 高校体育保健课与体育教学 [M]. 成都:四川大学出版社,2018.08.

[13] 答英娟,包静波,王锋. 体育与健康 [M]. 北京:北京邮电大学出版社,2018.01.

[14] 张京杭. 高校体育教学方法实践探索 [M]. 北京:现代出版社,2019.10.

[15] 刘景堂. 高校体育教学改革研究 [M]. 北京:中国纺织出版社,2019.12.

[16] 夏越. 现代高校体育教学研究 [M]. 北京:北京理工大学出版社,2019.01.

[17] 陈轩昂. 新时期高校体育教学的改革与发展 [M]. 北京:航空工业出版社,2019.01.

[18] 谷茂恒,姜武成. 高校体育教学评价体系的构建 [M]. 北京:航空工业出版社,2019.01.

[19] 郝英. 高校体育教学俱乐部的组织与设计 [M]. 北京:九州出版社,2019.11.

[20] 杨景元, 董奎, 李文兰. 体育教学管理与教学现状 [M]. 长春: 吉林人民出版社, 2019. 10.

[21] 杨乃彤, 王毅. 高校体育教学创新及运动教育模式应用研究 [M]. 北京: 九州出版社, 2019. 12.

[22] 王晓云. 新时期高校体育健康课程教学实践优化研究 [M]. 青岛: 中国海洋大学出版社, 2019. 10.

[23] 蔡文锋, 刘亚飞, 田登辉. 高校体育教学改革理论与方法多维探究 [M]. 北京: 九州出版社, 2020. 08.

[24] 吴广, 冯强, 冯聪. 高校体育管理体制与教学改革研究 [M]. 北京: 研究出版社, 2020. 09.

[25] 谢丽娜. 高校体育风险管理研究 [M]. 长春: 吉林人民出版社, 2020. 03.

[26] 欧枝华. 新时期高校体育教学及其课程体系改革研究 [M]. 北京: 中国纺织出版社, 2020. 03.

[27] 梁田. 高校民族传统体育教学模式的创新性研究 [M]. 长春: 吉林人民出版社, 2020. 12.

[28] 谢明. 高校体育教育理论探索与实务研究 [M]. 长春: 吉林人民出版社, 2020. 02.

[29] 岳慧灵. 体育课程运动处方教学模式 [M]. 长春: 吉林人民出版社, 2020. 06.

[30] 陈永婷. 高校健身舞教学理论与方法指导 [M]. 长春: 吉林大学出版社, 2020. 08.

[31] 张鹏. 高校体育文化教育与运动研究 [M]. 长春: 吉林科学技术出版社, 2020. 10.

[32] 于炳德. 高校民族传统体育教学改革 [M]. 哈尔滨: 哈尔滨出版社, 2021.

[33] 李婷婷, 刘琦, 原宗鑫. 现代学校体育教学理论与方法 [M]. 长春: 吉林人民出版社, 2021. 05.

[34] 王冬梅. 高校体育教育创新发展研究 [M]. 长春: 吉林人民出版社, 2021. 08.

[35] 施小花. 当代高校体育教育理论与发展探究 [M]. 长春: 吉林人民出版社, 2021. 09.

[36] 杨艳生. 体育教学改革与创新实践研究 [M]. 长春: 吉林人民出版社, 2021. 09.